JN035121

総合判例研究叢書

刑　法 (16)

事実の錯誤と法律の錯誤……………………福田　平

有　斐　閣

刑法・編集委員

佐伯千仭
団藤重光

序

フランスにおいて、自由法学の名とともに判例の研究が異常な発達を遂げているのは、その民法典が百五十余年の齢を重ねたからだといわれている。それに比較すると、わが国の諸法典は、まだ若い。最も古いものでも、六、七十年の年月を経たに過ぎない。しかし、わが国の諸法典は、いずれも、近代的法制を全く知らなかつたところに輸入されたものである。そのことを思えば、この六十年の間に極めて重要な判例の変遷があつたであろうことは、容易に想像がつく。事実、わが国の諸法典は、それに関連する判例の研究でこれを補充しなければ、その正確な意味を理解し得ないようになつている。

判例が法源であるかどうかの理論については、今日なお議論の余地があろう。しかし、実際問題として、多くの条項が判例によつてその具体的な意義を明らかにされているばかりでなく、判例によつて特殊の制度が創造されている例も、決して少なくはない。判例研究の重要なことについては、何人も異議のないことであろう。

判例の創造した特殊の制度の内容を明らかにするためにはもちろんのこと、判例によつて明らかにされた条項の意義を探るためにも、判例の総合的な研究が必要である。同一の事項についてのすべての判決を探り、取り扱われた事実の微妙な差異に注意しながら、総合的・発展的に研究するのでなければ、判例の研究は、決して終局の目的を達することはできない。そしてそれには、時間をかけた克明な努力を必要とする。

幸なことには、わが国でも、十数年来、そうした研究の必要が感じられ、優れた成果も少なくないようになつた。いまや、この成果を集め、足らざるを補ない、欠けたるを充たし、全分野にわたる研究を完成すべき時期に際会している。

かようにして、われわれは、全国の学者を動員し、すでに優れた研究のできているものについては、その補訂を乞い、まだ研究の尽されていないものについては、新たに適任者にお願いして、ここに「総合判例研究叢書」を編むことにした。第一回に発表したものは、各法域に亘る重要な問題のうち、研究成果の比較的早くでき上ると予想されるものである。これに洩れた事項でさらに重要なもののあることは、われわれもよく知つている。やがて、第二回、第三回と編集を継続して、完全な総合判例法の完成を期するつもりである。ここに、編集に当つての所信を述べ、協力される諸学者に深甚の謝意を表するとともに、同学の士の援助を願う次第である。

昭和三十一年五月

編集代表
小野清一郎　宮沢俊義
末川博　我妻栄
中川善之助

凡例

一　判例の重要なものについては、判旨、事実、上告論旨等を引用し、各件毎に一連番号を附した。

二　判例年月日、巻数、頁数等を示すには、おおむね左の略号を用いた。

大判大五・一一・八民録二二・二〇七七　（大審院判決録）

（大正五年十一月八日、大審院判決、大審院民事判決録二十二輯二〇七七頁）

大判大一四・四・二三刑集四・二六二　（大審院判例集）

最判昭二二・一二・一五刑集一・一・八〇　（最高裁判所判例集）

（昭和二十二年十二月十五日、最高裁判所判決最高裁判所刑事判例集一巻一号八〇頁）

大判昭二・一二・六新聞二七九一・一五　（法律新聞）

大判昭三・九・二〇評論一八民法五七五　（法律評論）

大判昭四・五・二三裁判例三刑法五五　（大審院裁判例）

福岡高判昭二六・一二・一四刑集四・一四・二一一四　（高等裁判所判例集）

大阪高判昭二八・七・四下級民集四・七・九七一　（下級裁判所民事裁判例集）

最判昭二八・二・二〇行政例集四・二・二三一　（行政事件裁判例集）

名古屋高判昭二五・五・八特一〇・七〇　（高等裁判所刑事判決特報）

東京高判昭三〇・一〇・二四東京高時報六・二民二四九　（東京高等裁判所判決時報）

札幌高決昭二九・七・二三高裁特報一・二・七一（高等裁判所刑事裁判特報）
前橋地決昭三〇・六・三〇労民集六・四・三八九（労働関係民事裁判例集）
その他に、例えば次のような略語を用いた。
裁判所時報＝裁　時　家庭裁判所月報＝家裁月報
判例時報＝判　時　判例タイムズ＝判　タ

目次

事実の錯誤と法律の錯誤

福田平

事実の錯誤と法律の錯誤

福田　平

はしがき

事実の錯誤と法律の錯誤に関しては、大審院以来、ぼう大な数にのぼる判例が存在する。本稿は、これら判例の検討を通じて、判例の位置づけおよび判例理論の解明を試みたものである。錯誤をめぐつては学説が多岐に分かれていることは周知のところであるが、本稿においては、本叢書の趣旨に沿つて、これら学説の検討は、判例の理解に必要な限度にとどめた。

なお、錯誤に関する判例は、ほぼ網羅的にあたつたが、引用にあたつては、大審院、最高裁判所の判例でも不必要と思われるものは、これを削除し（たとえば、法律の錯誤につき「法律の錯誤は故意を阻却しない」という旨を断定的に表明したにすぎない判例を一々引用するのをさけた。もつとも判例集に登載されたものは、きわめて少数の例外をのぞき少くとも年月日は引用した）、下級裁判所の判例でも重要と思われるものは、これを引用した。

おわりに、判例の筆写については、神戸大学法学部助手神矢三郎君の助力に負うところが大であることを記し、同君に感謝の意を表したい。

序説

錯誤とは、認識・予見した内容と現実に成立した事実との不一致をいう。認識と事実との不一致である以上、全面的な不一致も含まれるので、全面的な不一致としての不知もまた錯誤である。錯誤は、従来、「事実の錯誤」(error facti; Tatsachenirrtum)と「法律の錯誤」(error juris; Rechtsirrtum)とに区別されるのが一般であつた。ところが、最近、西ドイツにおいて、この「事実の錯誤」と「法律の錯誤」という分類にかえて、「構成要件の錯誤」(Tatbestands-irrtum)と「禁止の錯誤」(Verbots-irrtum)という分類が使用されている。この分類は、とくに、いわゆる責任説をとる学者によつて主張され、次第に一般化しつつある分類で、西ドイツ連邦裁判所もこの分類を採用している。

ところで、この分類を提唱するヴェルツェルによると、構成要件の錯誤とは構成要件に属する客観的行為事情(構成要件の客観的要素)――それが事実的(記述的)要素であると規範的要素であるとを問わず――に関する錯誤であり、禁止の錯誤とは行為の違法性についての錯誤である(Welzel, Das deutsche Strafrecht, 7. Aufl., S.150)。ところが、従来用いられていた「事実の錯誤」「法律の錯誤」の分類においても、事実の錯誤とは構成要件に該当する事実についての錯誤であり、それが純粋の事実に関する錯誤であると法律的事実に関する錯誤であるとを問わず事実の錯誤であるとされ、法律の錯誤は行為の法律上ゆるされない点についての錯誤であるとされているので(たとえば、団藤・刑法綱要(総論)二二九頁、木村・新刑法読本(増訂版昭二九年)二〇五―六頁参照)、こうした内容をもつ「事実の錯誤」「法律の錯誤」は、「構成要件の錯誤」「禁止の錯誤」と実質的には差異がないといわなければならない。もつとも、ヴェルツェルが、「事実の錯誤」と「法律の錯誤」という分類を否定し、「構成要件の錯誤」と「禁止の錯誤」という分類を採用したのは、事実の錯誤か法律の錯誤かを、錯誤が事実に関するか、法概念に関するかによつて区別し、たとえば、民法の誤解によつて「他人」のものではなく自己のものだと思つたばあい、この物の他人性についての錯誤は、所有権の帰属についての錯誤であるが、所有権の帰属は民法上の概念であるから、法律の錯誤であるとし、さらに、法律の錯誤を非刑罰法規の錯誤と刑罰法規の錯誤とに分ち、前者は故意を阻却するが後者は故意を阻却しないとしたドイツの旧大審院（Reichsgericht）の態度の否定にあつたのである。たしかに、このヴェルツェルの主張それ自体が正当なものであることは疑いのないところであるが、しかし事実の錯誤と法律の錯誤とを旧大審院のように理解するのはむしろ例外であつて、「事実の錯誤」「法律の錯誤」は、学説上、一般には、上述のように、「構成要件の錯誤」「禁止の錯誤」の内容と実質的に同様のものが観念されているので、「構成要件の錯誤」と「禁止の錯誤」という新しい分類は大して意味がないともいえよう。しかし、この新しい分類は、「事実の錯誤」と「法律の錯誤」という分類に比べて、より妥当であると考える。なんとなれば、「事実の錯誤」「法律の錯誤」というばあいの「事実」「法律」の意義が錯誤の区別の標準としては不正確であり、ことに、法律の錯誤は多義的で（たとえば、窃盗罪の客体である財物が他人の物であるというばあいの所有権の帰属についての錯誤を法律の錯誤というばあいもあり、また行為が違法であることについての錯誤を法律の錯誤というばあいもある。）、そのために従来の錯誤論を無用の混乱におとし入れたが（物の他人性についての錯誤が法律の錯誤か事実の錯誤かに関する議論の混乱、非刑罰法規の錯誤と刑罰法規の錯誤の区別に関する論議の紛糾を考えよ）、上述のように、一般には、事実の錯誤は構成要件の内容たる客観的事実（構成要件の客観的要素）に関する錯誤であり、法律の錯誤は行為が法律上ゆるされない点についての錯誤であると解されているので、前者を構成要件の錯誤、後者を禁止の錯誤と称することは、それぞれの内容に即して正確であり、錯誤の分類として妥当であろうからである。

なお、本稿においては、上述のところを弁へた上で、「構成要件の錯誤」と「禁止の錯誤」という分類が、わが国においてはまだ一般的な用法でないので、錯誤についての在来の分類である「事実の錯誤」と「法律の錯誤」という分類を使用することとする。

一　事実の錯誤

一　総　説

(一)　構成要件に属しない事実についての錯誤　行為者の表象していた内容が実際に発生した事実と一致しないばあいを事実の錯誤という。そして、どのような点に錯誤があつたばあいに故意が阻却されるかが、事実の錯誤の問題である。ところで、故意の成立には、構成要件に該当する客観的事実の表象を必要とする。そこで、構成要件に該当する客観的事実以外の事実（構成要件に属しない事実）についての錯誤、すなわち、刑罰とか可罰性とか 客観的処罰条件とか 責任能力とかについての錯誤は、故意の成立とは無関係である。

(1)　刑罰の種類についての錯誤に関して

【1】「刑法第三八条第二項の規定は、犯罪の構成要件たる事実の認識について錯誤のあつた場合の規定であつて、所論のごとき法定刑の種類について錯誤があつたというに過ぎない場合に適用を見るべき規定でない」（最判昭二四・四・一六判例体系三一・一〇一四）。

(2)　可罰性の不知に関し

【2】「犯人カ自己ノ行為ニ対スル法律上ノ価値判断ヲ誤リ刑法上処罰ヲ受クヘキモノナリトノ認識ヲ欠キタリトスルモ是レ固ヨリ刑法第三十八条ニ所謂法律ヲ知ラサルモノニ該当シ之ヲ以テ犯意ナキモノト謂フヲ得サル」（大判昭一四・九・一九評論二八刑法一八〇）。

(3)　罰条の不知に関し

【3】「瀆職ニ関シテハ公務員ハ之ヲ罰スルモ私法人ノ職員ニ於テハ罰セラレストスルカ如キハ官尊民卑ノ遺風ニシテ其陋習ノ脱シタル現代ニ於テハ均シク之ヲ処罰スヘシトハ疾クニ唱ヘラレ立法ノ傾向モ此趨勢ニ基ツキ各箇ノ法律ニ於テ夫レ〳〵規定セラレ終ニハ其総括的規定ヲ刑法ニ設クヘシノ与論ニ迄昂揚セラルルニ至リ而シテ近時統制経済ノ強化ニ伴ヒ多クノ統制団体ノ創設セラルルアリ之ニ従事スル職員ノ権限ハ従前ノ公務員ニ比シテ強大ニシテ其ノ影響スル処モ極メテ多キヲ以テソレ〳〵其職責ニ付テ瀆職法ノ適用ヲ受クルヲ普通トスルニ至リ今ヤ常識トシテノ遵法観念ハ公務員ニ対スルモノト異ルナキニ至レルヲ以テ仮令其罰条ノ具体的ナルヲ知ラサリシトスルモ直ニ以テ法ヲ犯スノ意ナシト謂フ得サル場合多シトス従ツテ苟モ斯ル団体ノ組合員タルモノハ国家ノ統制経済ノ目的ニ副フヘク又其行動ニ付テノ罰条ヲ注意スルコトニ於テ最善ノ努力ヲ尽スヘキモノトス」（大判昭一七・六・一五新聞四七八三・五）。

(4)　親告罪となる事実についての錯誤に関し、他人の物を別居の親族の所有物と誤信して窃盗したばあいにつき

【4】「故意は罪となるべき事実の認識をいうのであるから、事実の錯誤が故意を阻却する可能性のあるのは、その錯誤が罪となるべき事実について存する場合に限るのであり、刑法第三八条第二項もまた右の場合に限つて適用されるに止るのである。しかして、窃取した財物が別居の親族の所有である場合においては、告訴を待つてその罪を論ずるだけのことであつて、進んで窃盗罪の成立を阻却するものでないことは刑法第二四四条第一項が『第二百三十五条ノ罪及ヒ其未遂罪ヲ犯シタル者』と規定していることからしても明かであるから窃盗罪の客体としてはその財物が他人の所有であるを以て足り、その他人が刑法第二四四条第一項所定の親族であるや否やは窃盗罪の成否に影響を及ぼすものではない。従つて、財物の所有者たる他人が別居の親族であるとの錯誤は窃盗罪の故意の成立を阻却するものではなく、この点については刑法第三八条第二項もまた適用

の余地がないのである」（大阪高判昭二八・一二・一八刑集六・一二・一六〇三、同旨、東京高判昭二四・一二・五東刑集（昭二四年）一二九）。右の判例が、右のような錯誤は考慮する必要がないとしているのが正当なこともちろんであるが、これに反し、

(5)　処罰阻却事由についての錯誤に関し、左の判例は、いずれも親族相盗例（刑法二四四条一項）の錯誤に関するものであるが、このばあいの錯誤を考慮しているのは、親族相盗例を人的処罰阻却事由とみるかぎり、正当でない（団藤・刑法綱要（総論）二一五頁、木村・刑法総論二一九頁）。

【5】「結局被告人は右衣類が同居親族の所有物であると誤信し、それが他人のものであることを知らないで窃取したことに帰着する。従つて本件は刑法第三十八条第二項により重い普通窃盗としてこれを処断すべきではなく、畢竟親族相盗の例に準じて処断するのを相当とする」（福岡高判昭二五・一〇・一七刑集三・三・四八七）。

【6】「本件電線が国の所有であつて津山電報電話局の管理に属していたことまた被告人もこれを自己の所有物とは観念せずすくなくとも自己以外の者である実父甲の所有に属するものと考えていたことは原審公判調書中の証人乙及び被告人の供述記載等によつて明らかであるから、本件についてはなお被告人の認識の限度内において、親族相盗の成立することを否定するわけにゆかない。とすると、本件公訴事実については、親族相盗の成立を認め、刑法第二百四十四条第一項に従い刑の免除の言渡をなすべきものであつてこれと見解を異にし単純なる無罪を言渡した原判決は事実を誤認したか、または法令の解釈適用を誤つた違法があるものとして破棄せらるべきものである」（広島高岡山支判昭二八・二・一七特三一・六七）。

なお、名誉毀損罪における事実証明の規定（刑法二三〇条の二）に関し、事実の真実性について錯誤があつたばあい、この錯誤が故意の成立に影響を及ぼすかどうかは、「真実ナルコトノ証明アリタルトキハ之ヲ罰セス」の法律的性質をどのように解するかにかかつているが、これを処罰阻却事由と解するかぎり、事実の真実性についての錯誤は故意を阻却しないとする結論に至るべきである。最判昭三四・五・七

(刑集一三・五・六四二)は、この立場を示しているものといえよう(なお、この問題の検討については後述八二頁以下参照)。

(二)　構成要件に該当する客観的事実の錯誤と故意の成否　事実の錯誤は、それが同一構成要件内にあるか、ことなる構成要件の間にわたつているかにより、具体的事実の錯誤と抽象的事実の錯誤とに区別される。そして、それぞれについて故意が阻却されるかどうかが問題となる。このばあい故意の成否をきめる規準について、故意の成立には、行為者の表象と現実に発生した事実とが具体的に符合することが必要であるとする具体的符合説(勝本・刑法要論(総則)二一〇頁以下、大場・刑法総論(下巻)七四四頁以下)、法定の構成要件の範囲内で表象と事実とが符合していれば足りるとする法定的符合説(構成要件的符合説)(小野・刑法講義(総論)一五九頁以下、滝川・犯罪論序説一七一頁以下、団藤・刑法綱要(総論)二一九頁等)、犯罪事実という抽象的な事実を基準として表象と事実とが抽象的に符合していれば足りるとする抽象的符合説(牧野・日本刑法(上巻)二三二頁以下、市川・刑法総論二五二頁以下、植松・刑法総論二一八頁以下、八木・刑法総論二八七頁以下、なお、木村教授は、抽象的符合説に立たれるも、その目的的行為論の立場から大幅な制限を加えられておられる(刑法総論二三二頁以下))の対立があることは周知のところであろう。ここで、これらの学説の理論的検討は省略することとして、わが判例は、どの立場を採つているかというに、たとえば「行為者カ被害者ヲ誤認シ殺意ヲ以テ暴行ヲ加ヘ他人ヲ殺傷シタル場合ニ於テモ行為者ノ認識シタル犯罪事実ト現ニ発生シタル事実トハ法定ノ範囲ニ於テ一致スルヲ以テ行為者ハ現ニ発生シタル事実ニ付認識ヲ欠クモノニ非サルヤ論ナク」(大判昭六・七・八刑集一〇・三一二)と述べ、また「犯罪の故意ありとなすには、必ずしも犯人が認識した事実と、現に発生した事実とが、具体的に一致(符合)することを要するものではなく、右両者が犯罪の類型(定型)として規定している範囲において一致(符合)することを以て足るものと解すべきものである」(最判昭二五・七・一一刑集四・一二六一)と述べているところからも推測しうるように、法定的符合説の立場に立っている。以下、ばあいを分けて判例を見て行くこととしよう。

二　具体的事実の錯誤

（一）　概説　具体的事実の錯誤は、通常、客体の錯誤（乙を甲と信じて殺したばあい）、方法の錯誤（甲を狙って発砲したところ乙に命中してこれを殺したばあい）、因果関係の錯誤（甲を河に突き落して溺死せしめようとしたが甲が橋脚に頭をぶつけて死亡したばあい）の三つのばあいに区別される。具体的符合説は行為者の表象と現実に発生した事実とが具体的に一致しないかぎり故意の成立が阻却されるとするものであるから、この説を徹底すれば、具体的事実の錯誤のばあい、すべて故意が阻却されることとなろうが、従来、具体的符合説に立つ見解は、客体の錯誤のばあいに故意の成立をみとめるが、方法の錯誤のばあいには、表象していた事実についての故意犯の未遂と発生した事実についての過失犯との競合をみとめている（勝本・刑法要論（総則）二二〇、二二一頁、大場・刑法総論(下巻)七四五頁）。たとえば、甲を狙って発砲したところ乙に命中してこれを死亡させたときは、甲に対する殺人罪の未遂と乙に対する過失致死罪との観念的競合をみとめることになる。また、因果関係の錯誤については、具体的符合説を採る者の間にはこの点につき明確に論じたものが少ないが、ある者は、因果関係は微細の点にいたるまで行為者の予期と一致しうべきものでなく、これを要求すればほとんどすべての犯罪行為が故意でなくなるという理由から、因果関係の錯誤のばあいに故意の既遂をみとめている。判例は、一時、具体的符合説に従ったことがあったが（大判大五・八・一一刑録二二・一三一三）、大勢として法定的符合説に立つものであることは後述の通りである。具体的符合説を徹底すれば、すべての錯誤は故意の成立を阻却するということになり無意味であるし、方法の錯誤にだけ故意の阻却をみとめ、客体の錯誤、因果関係の錯誤につき故意を阻却しないとするときは、これらの間にそのような区別をみとめる根拠があきらかでないから（客体の錯誤のばあいは客体は同価値であるから故意を阻却しないとするものもあるが、何故に、客体の錯誤についてだけ客体の等価性という基準をとるのかその理由があきらかでなく、もし客体の同価値ということを構成要件的に同種という意味とすれば、客体の錯誤も方法の錯誤も故意の成立を阻却しないという結論に行くが、これは、法定的符合説の結論である（木村・刑法総論二二三頁参照）。なお、平野教授は、この点に関し、「故意の個数を考えるからだろう」とされておられる（平野「判例演習」（刑法総論）一一九頁）、判例の態度は支持しえよう。

（二）　方法の錯誤

【7】「原判決ヲ査閲スルニ所論ノ如ク『妻乙ト同寝シ居リタル甲ニ斬付ントシタルニ其刃ハ誤テ乙ノ右手指ニ触レ第二指及第四指ニ切創ヲ負ハシメ』トアリテ其文意明確ヲ欠ク或ハ右ハ同寝シ居リタル甲妻乙ノ右手指ヲ甲ノ身体ノ一部ト誤認シテ傷害シタル趣意又ハ甲ヲ殺害セントスルニ際シ前示乙カ同寝シ居リタルヲ以テ乙ヲ殺害スル虞ナキヲ必セストノ未必ノ故意ヲ以テ之ヲ傷害シタル趣意ナリト解シ難キニ非ス若シ然リトスレハ原審ニ於テ前示乙ニ対スル行為ヲ殺害罪ニ問擬シタルハ正当ナリト雖モ或ハ論旨所掲ノ如ク甲ヲ殺害スルニ際シ過失ニ因リ同人ト同寝シ居リタル前示乙ヲ傷害シタルモノト認メタル趣意ナリトモ解シ得ヘシ若シ原判示ニシテ後叙ノ趣意ナリトスレハ乙ニ対スル行為ハ全然認識ヲ欠如スル過失傷害ナルヲ以テ同人ヲ甲ト誤認シタル為メ傷害シタル場合又ハ同人ニ対スル殺害ノ未必ノ故意アリタル場合ト異リ単ニ過失傷害罪ヲ構成スルニ過キサルコト明白ナルヲ以テ原判決カ之ヲ故意ニ出テタル殺人罪ニ問擬シタルハ失当ナリト云ハサルヲ得ス或ハ原審ニ於テハ殺害罪ヲ犯スニ際シ過失ニ因リテ予期以外ノ者ヲ殺シタル行為ハ該殺害罪ト共ニ当然別箇ノ殺害罪ヲ構成ストノ見解ヲ是認シタルヲ以テ後叙ノ趣意ニ判示シタルニ拘ハラス仍ホ前示ノ行為ヲ殺害罪ニ問擬シタルニ非スヤトノ疑ヲ容ルル余地ナキニ非ス本院ニ於テモ旧刑法ノ殺害罪ニ関シテハ前顕論決ヲ認容シ居リタリト雖モ是レ同法第二百九十八条ニ於ケル謀故殺ヲ行ヒ誤テ他人ヲ殺シタル者ハ仍ホ謀故殺ヲ以テ論ストノ特別規定ノ存在ヲ立論ノ前提ト為シタルモノナルコト論ヲ竢タサル所ニシテ前叙趣意ノ明文ヲ置カサル刑法ノ解釈論ニ之ヲ援引スルコトヲ得ス刑法ニ在リテハ第三十八条ニ於テ法条ニ特別ノ規定アル場合ヲ除ク外罪ヲ犯ス意ナキ行為ハ之ヲ罰セサル旨ヲ明定シアリテ前示旧刑法ノ如キ特別規定ナキ以上ハ罪ヲ犯ス意ナキ行為特ニ過失ニ出テタル行為ニ対シテハ或ハ過失ノ罪責ヲ帰シ得ヘシト雖モ之ヲ故意罪ニ問擬シ得ヘキ場合絶無ナリト論断セサルヲ得

ス」(大判大五・八・一一刑録二二・一三一三、〔研究〕牧野・刑法研究一巻二二三頁以下)。

この判例は、具体的符合説に立って、方法の錯誤につき故意の阻却をみとめたものであるが、その理由において、旧刑法二九八条の「謀殺故殺ヲ行ヒ誤テ他人ヲ殺シタル者ハ仍ホ謀故殺ヲ以テ論ス」というような特別規定がない以上は、故意罪に問擬することはできないとしている。しかし次の判例が示すように、旧刑法二九八条(なお、三〇四条)は、旧刑法施行当時においても、いわば注意規定と解されていたのである。

【8】「被告ハ 官文書ヲ毀棄スルノ意思ヲ以テ毀棄シタルモノナレハ目的物ノ上ニ錯誤アルモ 其毀棄セラレタル物体カ官文書タル以上ハ法律上毀棄ノ犯意ト毀棄タル結果ト相一致スルヲ以テ官文書毀棄罪ヲ構成スルヲ妨ケス殺傷ニ付刑法ニ於テ特ニ誤殺又ハ誤傷ニ関スル明文アルハ適用上疑義ノ発生ヲ予防スル為メニ外ナラスニシテ殺傷ノ意思ト殺傷ノ結果ヲ生スルニ於テハ殺傷罪ヲ成スモノニシテ此特条ヲ俟テ始メテ誤殺誤傷ヲ処罰スルコトヲ得ルモノニ非サレハ文書毀棄ニ付誤殺傷ニ於ケルカ如キ正条ナシトテ之ヲ以テ本件ヲ無罪ナリトノ論拠トナスヲ得ス」(大判明四〇・五・二三刑録一三・四七五)。

この法定的符合説に立つ判例の態度は、現行法になつてからも引き継がれていたのである(傷害罪に関し、大判明四二・三・一二刑録一五・二三七)。従つて、前掲【7】は、旧刑法二九八条の意義を誤解し、先行の判例と相反する結論を出したものである。そこで、一年余り後に出た次の判例(刑事連合部判決)は、この結論を否定し、方法の錯誤のばあい故意の成立をみとめる見解にもどり、また旧刑法二九八条・三〇四条の意義についても、もとにもどり注意規定と見ている。従つて、具体的符合説を採用した前掲大判大五・八・一一は、判例の前後の系列から見て、全く例外的なものということができよう。

【9】 事案は、被告人が宴席で徳利を甲をめがけて投付けたところ、傍にいた乙に命中して負傷させたものである。「刑法第

二百四条ノ罪ハ単ニ他人ニ対シ故意ノ暴行ニ因リ傷害ノ結果ヲ生セシムルニ因リテ成立スヘキモノニシテ苟モ他人ニ対シ故意ニ暴行ヲ加ヘ因テ傷害ノ結果ヲ生セシメタル以上ハ縦シヤ其傷害ノ結果カ犯人ノ目的トシタル者ト異ル客体ノ上ニ生シタル場合（旧刑法ニ所謂誤傷ノ場合）ト雖モ暴行ノ意思ト其暴行ニ基ク傷害ノ結果トノ間ニ因果関係ノ存在ヲ認ムルコトヲ得ヘク従テ傷害罪ノ成立ニ必要ナル条件ニ欠クル所ナキヲ以テ犯人ハ右法条ノ罪責ヲ負フヘキモノニシテ暴行ノ認識ナキ過失傷害罪ヲ以テ論スヘキモノニアラス換言スレハ旧刑法第三百四条ニ所謂誤傷ハ特別ノ規定ヲ竢タスシテ当然傷害罪ヲ構成スルモノト解スルヲ正当ナリトス而シテ叙上ノ理論ハ殺人罪ノ場合ニ於テモ亦同一ニ帰スヘキモノニシテ則チ旧刑法第二百九十八条ニ所謂誤殺モ亦現行刑法ニ特別ノ規定ヲ竢タスシテ当然殺人罪トシテ処断スヘキモノトス」（大判大六・一二・一四刑録二三・一三六二〔研究〕牧野・刑法研究一巻二四九頁以下）。

その後、方法の錯誤のばあい、発生した事実について故意の成立を肯定した判例は多数にのぼっているが、その主なものをあげると、被告人がその弟甲と口論格闘の末、木製糸繰台を病床中の母乙の枕元を経て奥の間に逃げ込もうとした弟に投げつけたところ、母乙に命中し、これを死に致した事案（大判大一一・五・九刑集一・三一三、なお、この判例は、傷害罪と尊属傷害致死罪とにまたがる抽象的事実の錯誤のばあいであることに注意すべきである）、被告人が甲を狙って拳銃を発射したところ傍にいた乙に命中しこれを殺害するに至った事案（大判大一五・七・三刑集五・三九五）、被告人が杖で実母甲に打ちかかったところ、その膝上に抱かれていた孫乙の頭部にあたり、これを死に致した事案（大判昭二・六・八評論一六刑法二七六）、被告人が甲を殴打しようとしてステッキを振廻わしたところ乙にあたりこれに傷を負わした事案（大判昭六・四・八新聞三二七五・一六）、被告人が甲が殴打しようとして、これを制止しようとした同人の内妻乙を殴打した事案（最判昭二四・六・一六判例体系三一・一〇一一）について、それぞれ乙に対する傷害致死罪、殺人罪、傷害罪の成立をみとめている。その理由とするところを示すものとして、たとえば、

【10】「苟モ人ニ対シ故意ニ暴行ヲ加ヘ其結果人ヲ傷害シ又ハ死ニ致シタルトキハ縦令其ノ暴行ニ因レル傷害又ハ致死ノ結果カ被告ノ目的トシタル者ト異ナリ而モ被告ニ於テ毫モ意識セサリシ客体ノ上ニ生シタルトキト雖暴行ト傷害又ハ致死ノ結果

トノ間ニ因果関係ノ存スルコト明ナレハ其ノ行為ハ傷害罪又ハ傷害致死罪ヲ構成スヘク過失傷害罪若ハ過失致死罪ヲ以テ律スヘキモノニ非ス」（大判大一一・五・九刑集一・三一三）。

【11】「苟モ人ヲ殺害スル意思ヲ以テ之ニ暴行ヲ加ヘ因テ人ヲ殺害シタル以上ハ縦令其ノ殺害ノ結果カ犯人ノ目的トシタル者ト異ナリ而モ犯人ニ於テ毫モ意識セサリシ客体ノ上ニ生シタルトキト雖暴行ト殺害ノ結果トノ間ニ因果関係ノ存スルコト明カナル以上ハ犯人ニ於テ殺人既遂罪ノ刑責ヲ負フヘキハ勿論ニシテ殺人未遂竝過失致死罪ヲ以テ律スヘキモノニ非ス」（大判大一五・七・三刑集五・三九五）。

右のような判例の立場からは、方法の錯誤のばあいに関し、暴行が特定の何人に向って加えられんとしたかを認定する必要がないことになる。

【12】被告人は甲に向ってビール壜を投付けたところ乙の後頭部に命中しこれを死に致した事実につき、原審は傷害致死罪をもって処断したのに対して、上告論告は原判決における暴行の意思は何人に対するものか不明である、もし被告人が乙に対して暴行の意思を有したとすれば原判決の事実認定と矛盾する、また甲に対するものとは判文上理解できない、不特定人に対する暴行の意思を指示するものと解すれば、これは傷害罪の本質と相容れない観念である、と主張して、原判決の理由不備を攻撃した。これに対し、

「苟モ人ニ対シ故意ニ暴行ヲ加ヘタルニ因リ傷害又ハ傷害致死ノ結果ヲ生セシメタルトキハ縦令其ノ結果カ犯人ノ目的トセス且毫モ意識セサリシ人ノ上ニ生シタル場合ト雖傷害罪又ハ傷害致死罪ノ成立ヲ妨ケサルモノトス（大正十一年(れ)第五九一号同年五月九日判決参照）従テ或人カ其ノ目的トセス又ハ毫モ意識セサリシ人ニ対シ傷害ヲ加ヘ其ノ結果之ヲ死ニ致シタル場合ニ於テ之ヲ傷害致死罪ニ問擬センニハ当時同人ニ於テ何人タルニ論ナク苟モ人ニ対シテ故意ニ暴行ヲ加フルノ意思ヲ有シ且其ノ意思ニ基キ為シタル行為ト傷害致死ノ結果トノ間ニ因果関係ノ存スルコトヲ認定スルヲ以テ足リ該暴行カ果シテ特定ノ何人ニ向ツテ加ヘラレントシタルカヲ認定スルノ要ナキモノトス」（大判昭六・九・一四刑集一〇・四四〇、(研)草野・刑事判例研究一巻三一一頁以下）。

行為者の予期した客体と同時に予期しなかった客体にも結果が生じたばあいに関して

【13】「人ヲ殺害スル意思ヲ以テ之ニ暴行ヲ加ヘ因テ人ヲ殺害シタル結果ヲ惹起シタル以上ハ縦令其ノ殺害ノ結果カ犯人ニ

於テ毫モ意識セサリシ客体ノ上ニ生シタルトキト雖暴行ト殺害トノ間ニ因果ノ関係存スルコト明白ナル以上犯人ニ於テ殺人既遂ノ罪責ヲ負フヘキコト勿論ニシテ過失致死罪ヲ以テ論スヘキニ非ス而シテ原判決ノ認定シタルトコロニ依レハ被告人ハ叔母甲カ女児（昭和七年八月二十二日生）ヲ抱キ居ルヲ目撃スルヤ甲ヲ殺害スル決意ノ下ニ日本刀ヲ以テ十数回同人ノ頸部頭部胸部左右上肢背面等ヲ突刺シ之ト同時ニ右女児ニ其ノ左頸部ヨリ右頸部ニ達スル刺切傷ヲ蒙ラシメテ各即死セシメタリト云フニ在リ然ラハ被告人カ殺意ヲ以テ為シタル暴行ノ結果右女児ヲ殺害スルニ至リタルモノナルカ故ニ前叙ノ理由ニ依リ同女児ニ対スル殺人罪ヲ構成スルコト明白ナリトス」（大判昭八・八・三〇刑集一二・一四四五）。

【14】「所謂打撃の錯誤が犯意を阻却しないことは従来の判例の一致した見解であり、所論のように被告人甲が被害者乙に対しては殺人の故意があつたが、その妻女たる被害者丙に対しては殺人の意思はなかつたとしても、被害者乙を狙つたピストルの第一弾が誤つて居合はせた被害者丙に命中し、第二弾第三弾が乙に命中し、同人を即死させ、丙に原撃の貫通銃創を負はせた以上は、乙に対しては殺人既遂罪、丙に対しては所謂打撃の錯誤として殺人未遂罪が成立するのである。従つてこれを所謂具体的符合説によつてこれを過失傷害罪であるとする所論は到底これを採用することができない」（東京高判昭二五・一〇・三〇特一四・二）。

なお、方法の錯誤に関する判例として

【15】「特定ノ議員候補者ニ当選ヲ得シムル目的ヲ以テ選挙人ニ対シ金銭ヲ供与スルトキハ衆議院議員選挙法第百十二条第一項第一号ニ該当シ其ノ情ヲ知ツテ之カ供与ヲ受クルトキハ同項第四号ノ罪ヲ構成スルモノナルヲ以テ原判決ノ如ク被告人甲カ判示選挙ニ際シ神奈川県第二区議員候補者乙ノ当選ヲ得シムル目的ヲ以テ同区ノ選挙人ナル被告人丙ニ金員ヲ供与シタルニ当リ同被告人ニ於テハ之ヲ議員候補者丁ノ為ノ投票報酬ナリト誤解シテ該金員ノ供与ヲ受ケタリトスルモ右丁亦同区ヨリ立候補シ居ル者ナル以上右ハ具体的事実ノ錯誤ニシテ前示ノ罪ノ法定事実ノ認識ニ欠クルトコロナク其ノ所為タルヤ前示選挙法第百十二条第一項第四号ニ該当スルコト明カナリ」（大判昭一二・二・二七刑集一六・一七四）。

【16】被告人が甲を殺害する目的で毒薬入り日本酒を甲に贈与したところ同人はこれを飲酒せずそのまま放置し、数ケ月後情を知らない甲の妻乙がこれを丙に贈与し、丙がこれを飲用し死亡したという事案について、被告人の行為と丙の死の間の因果関係を肯定した上で、「殺人の罪は故意に人を殺害するによつて成立するものであつて、その被害者の何人であるかは毫も

その成立に影響を及ぼすものではないから、原判示のように、いやしくも人を殺害する意思をもつて他人に毒酒を供与し、因つてこれを飲用した者を死亡せしめた以上は、仮令その飲用死亡者が被告人の意図した者と相違していたとしても、なお被告人に殺人罪の刑責の存することは論をまたないところである」（東京高判昭三〇・四・一九刑集八・四・五〇五）。

（三）　客体の錯誤　　客体の錯誤のばあい故意が阻却されないということは、具体的符合説を採る見解もみとめているところであるので、この点について争はない。判例も、もちろん客体の錯誤のばあい発生した事実に関しても故意犯の成立をみとめている（方法の錯誤につき具体的符合説に立つて故意の阻却をみとめた前掲【7】も、客体の錯誤のばあい故意犯の成立をみとめている）。

そこで、その理由とするところを見ると、

【17】　甲の山林を乙の山林と誤認して、その立木を盗伐した事案につき「犯人ノ犯罪的悪性ノ徴表タル故意カ乙ノ所有物ノ上ニ現ハルルト甲ノ所有物ノ上ニ現ハルルトハ均シク其ノ行為カ犯罪ヲ構成スルニ付彼此択フ所ナク」（大判大一二・四・二七刑集二・三七〇）。

【18】　「凡ソ殺人ノ罪ハ故意ニ人ヲ殺害スルニ因リテ成立スルモノニシテ其ノ被害者ノ何人タルヤハ毫モ其ノ成立ニ影響ヲ及ホスモノニ非ス従テ苟モ殺意ヲ以テ人ヲ殺傷シタル以上ハ縦令被害者ノ何人タルヤニ付テ誤認スル所アリト雖殺人ノ犯意ヲ阻却スヘキモノニ非ス而シテ原判決ニ於テハ被告カ甲ヲ殺害セント決意シ之カ実行行為ニ著手シ乙ヲ甲ナリト誤信シ之ヲ傷害シタル事実ヲ認メ被告ヲ殺人未遂罪ニ問擬シタル旨趣自ラ明カナレハ特ニ其ノ理由ヲ説明スルノ要ナク論旨ハ理由ナシ」（大判大一一・二・四刑集一・三二、同旨、大判昭二・二・二新聞二六六九・一〇）。

【19】　「犯意トハ法定ノ範囲ニ於ケル罪トナルヘキ事実ノ認識ヲ云フモノナレハ行為者カ被害者ヲ誤認シ殺意ヲ以テ暴行ヲ加ヘ他人ヲ殺傷シタル場合ニ於テモ行為者ノ認識シタル犯罪事実ト現ニ発生シタル事実トハ法定ノ範囲ニ於テ一致スルヲ以テ行為者ハ現ニ発生シタル事実ニ付認識ヲ欠クモノニ非サルヤ論ナク数人カ殺人罪ノ遂行ヲ共謀シタル場合ニ於テ共謀者ノ或者カ被害者ヲ誤認シ暴行ヲ為シタルトキト雖行為者及ヒ他ノ共謀者ノ認識シタル犯罪事実ト現ニ発生シタル事実トハ法定ノ範囲ニ於テ符合スルヲ以テ共謀者全部ハ現ニ発生シタル事実ニ付認識ヲ欠クコトナク若シ他ノ共謀者カ殺人罪ノ実行行為又ハ之ト密接且必要ナル行為ヲ為スニ於テハ被害者ヲ誤認セルト否トニ拘ラス行為者ト共ニ殺人罪ノ刑責ヲ免カルコトヲ得サルモノトス」（大判昭六・七・八刑集一〇・三一二）。

【17】では、判例が法定的符合をその根拠としていることがあきらかでないが、【18】ではこの点を推測することができ、【19】に至って「法定ノ範囲ニ於テ符合」といった表現からみても判例が法定的符合説に立つことを知りうる（なお、大阪高判昭二八・一一・一八刑集六・一一・一六〇三は「その認識とその発生せしめた事実との間には、法定的事実の範囲内において符合が存するから……故意を阻却するものということができず」としている）。

なお、故意を阻却しない事実の錯誤についての判例として、次の判例をあげておこう。

【20】「原判決ノ認メタル事実ニ依レハ被告人甲ハ本件借用證書ヲ偽造スルニ際シ乙カ其父丙ノ実印ヲ偽造セシ事実ヲ知ラス其実印ヲ盗用スルモノト誤信シタルモノナリト雖モ此ノ如キ事実上ノ錯誤ハ刑法第百五十九条第一項ノ犯罪ノ故意ヲ阻却スルモノニ非ス即チ被告ニ罪ヲ犯スノ故意アリテ罪トナルヘキ事実ヲ現出セシメタルモノナレハ被告ニ於テ偽造印章ヲ使用シテ文書ヲ偽造シタル罪責ヲ免ルルヲ得サルモノトス」（大判大二・五・二刑録一九・五五九）。

【21】「原審挙示の証拠によると、被告人は米の生産者として本件収穫米の売渡を為すに当り、その相手方の認識について、所論の如き錯誤を抱いた事情を認め得られないでもないが、行為の有する違法性について十分にこれを認識しながら本件不法の売買契約を締結して即時その米の引渡と代金の授受を行い履行を完了したところを見れば、契約の相手方の如何は本件契約の要素となるものではなく従って、この点に関する所論被告人の錯誤は何ら契約の成立並に犯罪の責任に消長を及ぼすものではない」（名古屋高金沢支判昭二七・一一・二一刑集五・一二・二二二八）。

（四）因果関係の錯誤　因果関係の錯誤とは、行為者の認識・予見した因果関係の経過と現実に成立した因果関係の経過とが一致しなかったばあいをいう。この因果関係の錯誤はいかなるばあいに故意が阻却されるか。実質犯の故意において、因果関係の認識を必要とすることはもちろんであるが、このばあい、詳細な因果関係の認識を必要としないということは判例のみとめるところである（大判大一四・七・三刑集四・四七〇）。

ところで、因果関係の錯誤が故意にいかなる影響を及ぼすかについての学説は、(1)故意を成立させる結果の認識は、結果がどのようにして成立するかについての表象を含まなければならないから、行為者が認識した因果関係の経過と具体的に発生した因果関係の経過とがことなるばあいは、故意の実行行為は存在するが故意通りに結果が発生しなかつたのであるから、その結果については過失犯が、実行行為については未遂犯が成立するとする説、(2)因果関係の錯誤が重要でないばあいは、結果につき故意既遂の責任をみとめ、重要なばあいには故意犯の未遂が成立するにすぎないとする説、(3)因果関係の錯誤は法上無意味であつて、具体的に発生した結果について故意責任を負うべきかどうかは、その結果が相当因果関係の範囲内にあつたかどうかによつて判断さるべきであるとする説、に大別することができよう。ここで、この三説の検討はさけるが（この点については、福田「因果関係の錯誤」法学セミナー昭三四年五月号四四頁以下、および、竹田「因果関係の錯誤」法律時報昭三六年一〇月号四八頁以下参照）、第三説は、錯誤が故意を阻却するかどうかにつき構成要件の概念を標準として決定し、構成要件の範囲内で認識と事実とが一致していれば故意の既遂をみとめる法定的符合説（構成要件的符合説）の立場から、因果関係の錯誤を解決しているものであり、わが通説の立場である。さて、因果関係の錯誤についての判例として、

【22】（事実）被告人は、甲を殺害しようとして、細麻縄で熟睡中の甲の頸部を絞扼したところ、身動きをしなくなつたので、すでに死亡したものと思い、その犯行の発覚を防ぐため、甲を一〇数町離れた海岸の砂上に運んでこれを放置した。甲は砂末を吸収して死亡した。

（判旨）「被告ノ殺害ノ目的ヲ以テ為シタル行為ノ後被告カ甲ヲ既ニ死セルモノト思惟シテ犯行発覚ヲ防ク目的ヲ以テ海岸ニ運ヒ去リ砂上ニ放置シタル行為アリタルモノニシテ此ノ行為ナキニ於テハ砂末吸引ヲ惹起スルコトナキハ勿論ナレトモ本来前示ノ如キ殺人ノ目的ヲ以テ為シタル行為ナキニ於テハ犯行発覚ヲ防ク目的ヲ以テスル砂上ノ放置行為モ亦発生セサリシコト

ハ勿論ニシテ之ヲ社会生活上ノ普通観念ニ照シ被告ノ殺害ノ目的ヲ以テ為シタル行為ト甲ノ死トノ間ニ原因結果ノ関係アルコトヲ認ムルヲ正当トスヘク被告ノ誤認ニ因リ死体遺棄ノ目的ニ出テタル行為ハ毫モ前記ノ因果関係ヲ遮断スルモノニ非サルヲ以テ被告ノ行為ハ刑法第百九十九条ノ殺人罪ヲ構成スルモノト謂フヘク此ノ場合ニハ殺人未遂罪ト過失致死罪ノ併存ヲ認ムヘキモノニ非ス」（大判大一二・四・三〇刑集二・三七八）。

右の判例の事案においては、甲の死亡という結果発生までに、殺害を目的とする絞扼という第一の行為と死体遺棄の目的に出た甲の砂上放置という第二の行為が存在している。このようなばあい、いいかえると、予見した結果がまだ実現していないのに、すでに実現したものと誤信して、これに加えて第二の行為を行なつたため、はじめて予見していた結果が実現したばあい、二つの別個の故意をもつた二個の行為（殺人行為と死体遺棄の行為―誤つて死体と思い遺棄した行為―）が存在するのか、それとも第二の行為も殺人の故意に包含される統一的な行為（殺人行為）が存在するのかが問題となる。前者の立場から、第一の行為について未遂（殺人未遂）を、第二の行為について過失（過失致死）をみとめ、両者を観念的競合とすべきであるとする説もあるが（滝川・犯罪論序説一七八頁、しかし、二個の行為としながら観念的競合と解するのは正当でなく、この立場からは、むしろ併合罪と解すべきであろう）、第二の行為は、殺害に向けられた全体行為の部分的所為にすぎないと解し、全体として殺人行為をみとめるべきであろう（こうしたばあいを、講学上「事前の故意」（dolus antecedens）または「概括的故意」（dolus generalis）といわれる）。そこで、事案において、甲の認識・予見した因果の経過（絞扼による死亡）と現実に発生した因果の経過（砂末吸収による死亡）との間の不一致、すなわち因果関係の錯誤が問題となるが、被告人の行為と甲の死亡とは相当因果関係の範囲にあるといえるから（なお、この点、木村・刑法総論二二五頁参照）、殺人既遂罪の成立をみとめた判例の結論は正当である。ただ、判例が、因果関係についての判例の態度である条件説を前提としているので、「社会生活上ノ普通観念ニ照シ」といつた相当因果関係説的な口調を用いながらも、なお、因果関係中断論的立場から解決をはかっている点および因果関係の錯誤についてふれていないのは、なお不十分のそしりを免れないであろう。

【23】（事実）　被告人は甲を墜死させようとして四〇余間の崖上から川に突き落し、その生死を確かめるため崖を下りたところ、約三〇間下方の崖の中腹に負傷して人事不省に陥いている甲を発見し、後日の弁解のため、あたかも誤つて墜落した甲を救助するもののようによそおい甲の身体に手をかけてささえたところ、甲の重みで自分も一緒に崖下に転落しそうになつたので、その手を離した。そのため、甲は人事不省のまま、川に転落して溺死した。

（判旨）「人ヲ殺スノ目的ヲ以テ実行行為ヲ為シタル者カ被害者ヲ死ニ致シタルモノトシテ其ノ責ヲ負フニハ其ノ行為カ死亡ノ原因ヲ成シタル関係アルヲ以テ足レリトシ其ノ行為カ致死ノ唯一ノ原因若ハ之カ直接ノ原因タリシコトヲ必要トセス従テ殺人ノ実行行為ト被害者ノ死亡トノ間ニ他ノ事実カ介入シ其ノ事実カ致死ノ近因ヲ成シタル場合ト雖苟モ実験法上犯人ノ行為ト被害者ノ死亡トノ間ニ因果関係カ認メ得ラルル限ハ人ヲ殺シタルモノトシテ刑罰ノ制裁ニ服従スヘク殺人ノ未遂ヲ以テ論スルヲ得ス」（大判大一二・三・二三刑集二・二五四）。

この判例も、甲の死亡までに被告人の二個の行為が存在していること（ただ、第一の行為によって結果が発生したと誤信したものでない点が【22】の事実とことなる）、被告人の認識・予見した因果の経過（墜死）と現実に発生した因果の経過（溺死）との間に不一致があること（因果関係の錯誤）は、【22】の判例と同様で、そこで述べたことは、この判例についてもあてはまる。

三　抽象的事実の錯誤

（一）　概説　抽象的事実の錯誤とは、錯誤がことなる構成要件の間にわたるばあいをいうが、これは、さらに、同質的で重なりあう二個の構成要件における錯誤と異質的な構成要件相互の間における錯誤とに分けられる（抽象的事実の錯誤にも、客体の錯誤のばあいと方法の錯誤のばあいがある）。この抽象的事実の錯誤に関して、刑法三八条二項は

「罪本重カル可クシテ犯スト キ知ラサル者ハ其重キニ従テ処断スルコトヲ得ス」と規定して、軽い甲罪を犯す意思で重い乙罪の結果を発生させたばあいには、重い乙罪をもつて処断することはできないという旨を示している。なお、この規定は、罪名についても実現した重い乙罪に従うことができない趣旨を示すものであるか、それとも罪名は重い乙罪に従いながら刑罰だけ軽い甲罪に従う趣旨であるかが明瞭でないが、判例は後の立場に立つているようである（大判明四三・四・二八刑録一六・七六〇参照）しかし、このばあい乙罪の成立をみとめるのは妥当でないから、前の立場が正当であろう（最判昭二三・五・一刑集二・五・四三五は、「原判決が被告人に対し刑法第三十八第二項により窃盗罪として処断したのは正当」であるとしているのは、最高裁が意識したかどうかはあきらでないが、後説への改説とみることができよう）。　ところで、刑法は、抽象的事実の錯誤に関し、前掲三八条二項を規定するだけであるが、この規定は、抽象的事実の錯誤のすべてのばあいを解決しているものではない。そこで、この規定をめぐつて、どのように抽象的事実の錯誤の重要性を判定するかについて学説が対立しているが、これを大別すると、構成要件が重なりあう範囲において成立した軽い事実について故意の既遂をみとめるとする法定的符合説（構成要件的符合説）と抽象的に認識と事実とが一致する限度において成立した軽い事実について故意の既遂をみとめるとする抽象的符合説（抽象的符合説に類するものとして、草野・刑法要論九四頁以下、斉藤・刑法総論（改訂版）一九三頁以下、可罰的符合説（宮本・大綱一四三頁以下、一六二頁以下、佐伯・刑法総論（昭一九年）二四七頁以下）がある）とに分けられることは周知のところであろう。なお、木村教授は、最近、抽象的符合説に立たれながら、その適用の実質的制限が必要であるとされ、重い事実を認識して軽い事実を成立させた場合において、その錯誤が刑の加重・減軽事由に関するときは認識した軽い事実の故意の既遂をみとめ、その他のばあいにあつては、認識した重い事実の未遂（不能犯）と成立した軽い事実の過失をみとめ、もし未遂犯および過失犯を罰するばあいには両者の間に観念的競合を論ずべきであるとされておられる（木村・刑法総論二三三頁参照）。この見解は、実際的適用においては、法定的（構成要件的）符合説と近い結論に至る。

（二）　抽象的事実の錯誤に関する判例　判例は、窃盗と強盗との錯誤に関し「犯罪の故意ありとなすには、必ずしも犯人が認識した事実と現に発生した事実とが、具体的に一致（符合）することを要するものではなく、右両者が犯罪の類型（定型）として規定している範囲において一致（符合）することを以て足るものと解すべきものである」（最判昭二五・七・一一刑集四・七・一二六〇）と述べているところからも分かるように、法定的符合説（構成要件的符合説）に立っている。ただ、その具体的適用において、法定的符合説（構成要件的符合説）が考えているより、ややゆるやかな符合で足りるとしているような判例もある（なお、抽象的事実の錯誤についての判例については、「共犯と錯誤」の項をも参照されたい。）。

(1)　尊属であるとの認識なしに尊属を殺害したばあい

【24】（事実）　被告人は自分の養親で妻の実母である甲を殺害したものであるが、犯行当時すでに離縁および離婚届がなされているものと信じていたため、甲が自己または配偶者の直系尊属であるという認識がなかつたものである。

（判旨）「被告人の原判示所為は刑法第二〇〇条に該当するところ、被告人には本件犯行当時被害者が自己又は配偶者の直系尊属であることの認識がなかつたものであるから同法第三八条第二項により軽き同法第一九九条によつて処断する」（大阪高判昭三〇・一二・一高裁特報二・二二・一一九六、未遂に終つたが同様の事案につき、同旨判例として長崎地佐世保支判昭三三・一・三第一審刑集一・一・六二）。

(2)　被害者の真の嘱託があつたと誤信したばあい

【25】「被害者甲ノ自己殺害ノ嘱託ハ一時ノ戯言ナルニ拘ハラス被告ハ之ヲ殺害セントシテ遂ケサリシモノナルカ故ニ其所為ハ本来刑法第百九十九条第二百三条ノ適用ヲ受クヘキモノナルモ被告ノ所為タルヤ固ト被害者ノ戯言ヲ以テ真意ノ表白ナリ

ト誤信シタルニ因ルモノナレハ罪本重カルヘクシテ犯ストキ知ラサルモノニ該当シ其重キニ従テ処断スルコトヲ得サルカ故ニ同第三十八条第二項第二百二条第二百三条ニ依リ処断スルヲ相当トス」（大判明四三・四・二八刑録一六・七六〇）。

【26】「本件は被殺者の真意に出た死の嘱託はなかつた場合であり、本来尊属殺に当るべき場合であるが、被告人においては被殺者より真に死を嘱託されたものと信じて嘱託殺人の意思で犯したものと認むべき場合であるから、刑法第三十八条第二項により、その重き尊属殺を以て処断することはできない場合であると云わなければならない」（東京高判昭三三・一・二三高裁特報五・一・二一）。

(3) 虚偽公文書作成罪と公文書偽造罪との間の錯誤のばあい

【27】被告人甲は乙と医務課長Aに対して虚偽公文書の作成を教唆することを共謀したが、乙は甲にはかることなしに、医務室勤務丙を教唆して公文書を偽造させたという事案につき

「被告人の故意は、前記認定の如く、乙と共謀して医務課長をして虚偽の公文書を作成する罪（刑法第百五十六条の罪）を犯させることを教唆するに在る。しかるに現実には前記のような公文書偽造の結果となつたのであるから、事実の錯誤の問題である。かかる場合に乙の丙に対する本件公文書偽造教唆について、被告人が故意の責任を負うべきであるか否やは一の問題であるが、本件故意の内容は刑法第百五十六条の罪の教唆であり、結果は同法第百五十五条の罪の教唆である。そしてこの両者は犯罪の構成要件を異にするも、その罪質を同じくするものであり、且法定刑も同じである。而して右両者の動機目的は全く同一である。いづれもBの保釈の為めに必要な虚偽の診断書を取得する為めである。即ち被告人等は最初その目的を達する手段として刑法第百五十六条の公文書無形偽造の罪を教唆することを共謀したが、結局共謀者の一人たる乙が公文書有形偽造教唆の手段を選び、これによつて遂に目的を達したものである。それであるから、乙の丙に対する本件公文書偽造の教唆行為は、被告人と乙との公文書無形偽造教唆の共謀と全然無関係に行われたものと云うことはできないのであつて、矢張り右共謀に基づいてたまたまその具体的手段を変更したに過ぎないから、両者の間には相当因果関係があるものと認められる。然らば被告人は事実上本件公文書偽造教唆に直接に関与しなかつたとしてもなお、その結果に対する責任を負わなければならないのである。即ち被告人は法律上本件公文書偽造教唆につき故意を阻却しないのである」（最判昭二三・一〇・二三刑集二・一一・一三八六〔研究〕小野・刑評一〇巻四〇頁以下）。

右の事案は、その錯誤が、法益も同種であり法定刑も同一である二個の構成要件にまたがるばあいである点が、前述のばあいとことなり注目に値する。この事案、すなわち、虚偽公文書作成の教唆を

共謀したが、公文書偽造の事実が生じたという事案につき、右の判例は、公文書偽造の教唆の故意の成立をみとめたが、その理由として、虚偽公文書作成と公文書偽造とは「犯罪の構成要件を異にするも、その罪質を同じくするものであり、且つ法定刑も同じである」ことおよび甲乙間の虚偽公文書作成の教唆の共謀と乙の公文書偽造の教唆との間に「相当因果関係があるものと認められる」ことをあげている。法定的（構成要件的）符合説をとられる小野博士は、この判例に賛成しておられるが（刑評一〇巻四五頁）、虚偽公文書作成罪（刑一五六条）と公文書偽造罪（刑一五五条）とが構成要件的に重なりあっているといえるかどうかはかなり問題である。この点、この判例につき、団藤教授が「罪質や法定刑の同一を標準として故意の範囲を拡張するのは疑問だといわなければならない」（団藤・刑法綱要（総論）三二九頁）とされておられるのは正当であろう（なお、木村教授もこの判例に反対しておられる（木村・総論二三三頁）。）。なお、右の判例が、因果関係の有無の問題と故意の成立の問題とを混同しているのが妥当でないことは、これまた団藤教授の指摘されておられるところである（同上）。

なお、右の判例は、被告人甲から偽造公文書の交付をうけたBの妻丁が、偽造公文書を虚偽の公文書と信じて情を知らない弁護士をして裁判所に提出させた点につき、

【28】「丁は被告人に依頼して医務課長を買収して虚偽内容の診断書を作成せしめようとしたものであることは、原判決の確定した事実であつて、本件診断書は偽造のものであることは知らなかつたとしても、虚偽の診断書であると考へて之を弁護士に交付し裁判所に提出行使したものであるから、丁の故意と現実の行為との間に錯誤があつたものである。しかしこの錯誤は前に説明したと同一の理由によつて故意を阻却するものでないから、丁の所為は偽造公文書行使罪を構成するのである。そして被告人は本件診断書が偽造であることを知らず、虚偽内容の診断書と考へてこれを丁に交付したとしても、丁がこれを行使した以上、前に説明したと同一の理由により丁の偽造診断書行使の幇助についても亦その責任を免かれることはできない訳

である」（最判昭二三・一〇・二三刑集二・一一・一三八六）。

右の判例を踏襲した高等裁判所判例として、

【29】「公文書を偽造することを順次共謀した数人の者のうちに公文書の無形偽造の認識しか有しなかつた者が存在するのに、現実には公文書の有形偽造が行われた場合には、その実行者の作成権限の有無につき認識の相違があるのみで、被告人甲の場合は自己の妻の弟乙の、被告人丙の場合は自己の夫々外国人登録証明書を不正に作成するものであつて公文書偽造の目的には何等違いはないのみならず、公文書の無形偽造と有形偽造とは犯罪の構成要件を異にするも、両者はその罪質を同じくし且法定刑も同一であるから、無形偽造の認識しかない者でも有形偽造の故意の責任を負わなければならないものと解するのを相当とする」（東京高判昭三三・九・三〇刑集一一・八・四八六）。

(4)　窃盗罪と強盗罪との間の錯誤のばあい　判例は、窃盗を教唆したところ、被教唆者が強盗に出たばあいにつき、教唆者に対して窃盗の教唆犯の責任をみとめている。

【30】「犯罪の故意ありとなすには、必ずしも犯人が認識した事実と、現に発生した事実とが、具体的に一致（符合）することを要するものではなく、右両者が犯罪の類型（定型）として規定している範囲において一致（符合）することを以て足るものと解すべきものであるから、いやしくも右乙の判示住居侵入強盗の所為が、被告人甲の教唆に基いてなされたものと認められる限り、被告人甲は住居侵入窃盗の範囲において、右乙の強盗の所為について教唆犯としての責任を負うべきは当然であつて、被告人甲の教唆行為において指示した犯罪の被害者と、本犯たる乙のなした犯罪の被害者とが異る一事を以て、直ちに被告人甲に判示乙の犯罪について何等の責任なきものと速断することを得ないものと言わなければならない」（最判昭二五・七・一一刑集四・七・一二六〇〔研究〕伊達・刑評一二巻一三九頁）。

右の判例は、すでに引用したように「犯罪の類型（定型）として規定している範囲において一致（符合）するを以て足る」として、法定的符合説（構成要件的符合説）を理論的に肯定した上で、甲の教唆と乙の犯行との間に、因果関係がみとめられるかぎり、甲は窃盗教唆の責任を負うべきであるとしている点で、注目に値する判例である。従来から、判例は法定的符合説（構成要件的符合説）をとるものと一般に考えられていたが、具体的事例において（この点は本件の事実でも同様である）、法定的符合説、抽象的符合説のいずれをとるかによつて結論をことにする事例は見あたらなかつたので、具体的事例の解決からだけでは、判例が法定的符合説をとるものと明言もできにくかつたが、この判例によつて、判例の態度があきらかにされている。もつとも、木村教授は、「窃盗罪と強盗罪の構成要件は基本と派生の関係にあるものではなく、共通的要素がないではないが、全然別個独立の構成要件であり、その重なり合いも具体的な構成要件的なものではなく、同種の法益の範囲内における抽象的な重なり合いに外ならないから」、判例の見解は、法定的符合説（構成要件的符合説）の見地を表明したものでなく、構成要件の内容的特殊性を抽象化して法益の同種性を規準とする法益符合説の見地を表明したものであるとされる（木村・総論二三〇頁）。しかし、窃盗と強盗とは、単に法益が同種であるというだけでなく、盗取の限度において構成要件的に重なりあつているのであつて（団藤・綱要(総論)三二八頁、平野・判例研究二巻三号三六頁参照）、右の判例の結論は法定的符合説（構成要件的符合説）の見地から導き出しうるところである（なお、【38】参照）。

(5)　窃盗罪と占有離脱物横領罪との間の錯誤のばあい

【31】　第一審判決が占有離脱物横領の意思で窃取行為をしたものという事実認定のもとに、刑法三八条二項、同二五四条を適用したのに対し、第二審判決は、事実認定をかえ、占有離脱物横領の事実をみとめ単純に刑法二五四条を適用したのに、第一審判決を取消さなかつたという事案に関し

「第一審判決ヲ査スルニ其認定シタル事実ノ要旨ハ被告ハ甲カ富山駅三等待合室ニ差置キタル衣類等九点在中ノ合羽包一箇

ヲ遺失物ナリト誤信シ密ニ之ヲ同駅小荷物取扱所内ニ持込ミテ蔵置シ之ヲ横領シタリト云フニ在リテ其所為ハ窃盗罪ヲ以テ問擬スヘキモノナルモ犯時物件カ猶所有者ノ占有中ニ在ルコトヲ知ラサリシモノナルヲ以テ刑法第三十八条第二項ニ依リ同第二百五十四条ノ刑ヲ科スヘキモノト判定シタルモノナルコト明ナリ故ニ被告ノ所為ヲ以テ単ニ遺失物ヲ横領シタルモノト認メ同第二百五十四条ニ依リ処断シタル原判決トハ事実ノ認定及ヒ法律ノ適用ニ関シ重要ナル点ニ於テ其趣旨ヲ異ニスルヲ以テ原判決ニ於テハ須ラク刑事訴訟法第二百六十一条第二項ニ則リ第一審判決ヲ取消シ更ニ相当ノ判決ヲ為スヘキニ事茲ニ出テサリシハ擬律錯誤ノ違法アルモノニシテ論旨ハ理由アリ」(大判大九・三・一九刑録二六・二一一)。

木村教授は、右の判例は、占有離脱物横領の意思で窃取行為をしたばあいについて占有離脱物横領罪の成立をみとめたものであるとされた上で、「この場合、両構成要件が重なり合っているのは、構成要件の要素に関するかぎり、犯罪の客体が『財物』(物)である点だけであり、しかも、その財物は占有離脱物にあつては他人の占有を離れたものであり、窃盗罪にあつては他人の占有する物であるという重要な点において相違がある。それにもかかわらず、占有離脱物横領罪の成立を認めたのは、むしろ、構成要件に重なり合う点があるからでなく、同種の法益侵害を内容とする構成要件であるという極めて抽象的な面における重なり合いを重要視したものと解さねばならない」(木村・総論二二九頁)とされて、この判例も、構成要件の内容的特殊性を抽象化して、法益の同種性を規準とする法益符合説に立つものであるとされておられる。しかし、占有離脱物横領罪は、占有や信頼関係の侵害をも伴わないで、もつとも単純に他人の所有権を侵害する罪であつて、すべての領得罪の中心となり出発点となる基本的な構成要件であるから(団藤・刑法(改訂版)三六四―五頁)、他人の占有を侵害する点で加重された構成要件としての窃盗罪と重なり合うものといえよう。そこで、構成要件的符合説の立場から、占有離脱物横領の意思で窃取行為をしたばあいについて占有離脱物横領罪の成立をみとめることができるから、この判例が、いわゆる構成要件的符合説をとつたものでないとはいえないであろう。

(6) 覚せい剤と誤信して麻薬を所持したばあい

【32】「軽い甲罪の犯意を以て重い乙罪の事実を実現した場合において、両者その罪質を同じうするときは、甲罪の既遂を以てこれに問擬すべきものと解するを相当とするところ、右覚せい剤の所持は覚せい剤取締法第四一条第一項第二号に該当し、その刑は五年以下の懲役又は十万円以下の罰金であり、麻薬の所持は麻薬取締法第六四条第一項に該当し、その刑は七年の懲役であつて、この二つの法条について罪質の異同を検討すると、両者は共にその中毒性習慣性のため個人並に社会の保健衛生に危害を及ぼすことの多い薬剤について濫用を取締ろうとするものでその目的を同じうし（覚せい剤取締法第一条麻薬取締法第一条参照）、且つ、その取締方式においても極めて相似たものがあるのであつて、両者別異の法律を以てこれを規定したのは単に沿革的理由によるにすぎないのであり、また、その刑に軽重あるのはその毒性の程度の差によるものというべく、両者がその罪質を異にするものと解することができない。従つて、原審認定の前記事実に対しては軽い覚せい剤取締法第四一条第一項第二号を以て処断すべきものといわねばならない」（大阪高判昭三一・四・二六刑集九・三・三一七）。

四　共犯と錯誤

（一）概説　共犯と錯誤の問題は、単独犯の錯誤理論の応用で解決さるべきものであり、判例も法定的符合説（構成要件的符合説）の見地から、この問題を解決しており、ここで、改めてとりあげる理論的興味は少くないが、ただ単独犯のばあいには、設例としてしか考えられないような事例が、現実に問題となつて判例にあらわれているので、この点についての判例をみて行くこととしよう。なお、ここでは問題の焦点を錯誤にあわせているので、共犯自体についての問題、たとえば、判例は共同正犯をみとめているが、幇助犯と解すべきであるといつた点については、必要のないかぎりふれないこととする。

（二）　正犯の実行行為についての事実の錯誤

(1)　具体的事実の錯誤　　同一の構成要件の範囲における具体的な事実の錯誤は、共犯の故意を阻却しないとすること判例である。

共同正犯について

【33】　甲乙等はAを殺害することを共謀し、A方に赴いたところ、そこで、乙はBをAと誤認してこれを狙撃負傷させた事案について

「犯意トハ法定ノ範囲ニ於ケル罪トナルヘキ事実ノ認識ヲ云フモノナレハ行為者カ被害者ヲ誤認シ殺意ヲ以テ暴行ヲ加ヘ他人ヲ殺傷シタル場合ニ於テモ行為者ノ認識シタル犯罪事実ト現ニ発生シタル事実トハ法定ノ範囲ニ於テ一致スルヲ以テ行為者ハ現ニ発生シタル事実ニ付認識ヲ欠クモノニ非サルヤ論ナク数人カ殺人罪ノ遂行ヲ共謀シタル場合ニ於テ共謀者ノ或者カ被害者ヲ誤認シ暴行ヲ為シタルトキト雖行為者及ヒ他ノ共謀者ノ認識シタル犯罪事実ト現ニ発生シタル事実トハ法定ノ範囲ニ於テ符合スルヲ以テ共謀者全部ハ現ニ発生シタル事実ニ付認識ヲ欠クコトナク若シ他ノ共謀者カ殺人罪ノ実行行為又ハ之ト密接且必要ナル行為ヲ為スニ於テハ被害者ヲ誤認セルト否トニ拘ラス行為者ト共ニ殺人罪ノ刑責ヲ免カルコトヲ得サルモノトス」（大判昭六・七・八刑集一〇・三一二）。

右の判例が法定的符合説の見解を示すものであることは前述した通りである（前述一六頁参照）。右のほか、判例は、たとえば、強盗罪につき、共犯者の一人が共謀のとき打ち合わせた脅迫文言とことなつた脅迫文言を使用したとき（最判昭二四・三・二二刑集三・三・三三三）、詐欺罪につき、詐欺を共謀したばあいで、その共犯者の一人によつてなされた欺罔手段の一部が他の共犯者の予期しないものであつたとき（大判昭一二・一一・二九新聞四二一三・一〇、なお、詐欺罪における錯誤については、大判昭八・一一・二〇刑集一二・二〇六五）、いずれも共同正犯の成立をみとめている。

なお、次の判例も、法定的符合説に立つ旨を示している。

【34】「被告人は当初Xに対しY、Zの両者に運動報酬三、〇〇〇円を供与することを依頼したが、XはYのみに右金員を供与したものであり、従つて、供与の相手方に関し被告人の認識と現に発生した事実との間にくいちがいがある。しかし、犯意とは法定の範囲内における罪となるべき事実の認識であるから、甲乙が犯罪を行うことを共謀し、乙がその実行行為を分担した場合において、甲の認識した事実と右共謀に基く乙の実行行為により発生した事実とが、具体的には一致しない点があつても法定の犯罪類型の範囲内で一致するときは、甲は現に発生した事実につき共同正犯としての責を免れることができないものと解すべきである。本件において、被告人はXと共に選挙運動者に運動報酬を供与すべきことを共謀し、Xは右謀議に基いて選挙運動者に運動報酬を供与したものであつて、法定の犯罪類型の範囲内では被告人の認識した事実と現に発生した事実との間に何等のくいちがいもないのであるから、供与の相手方に関する被告人の認識と現実との不一致は、供与の共同正犯としての被告人の罪責を否定する事由とはならないものといわなければならない」(仙台高判昭三一・九・二九 高裁特報三・二二・一〇六二)。

教唆者の意思と正犯の実行行為との間に具体的事実に関し不一致があつたばあいにつき

【35】「蓋シ文書偽造罪ノ成立ニハ行使ノ目的ヲ以テ文書ヲ偽造スレハ足ル行使ヲ受クヘキ相手ヲ特定スルコトハ文書偽造罪構成ノ要件ニアラス故ニ被告甲カABニ対シテハ行使スルコトナク其他ノ者ニ行使スル目的ヲ以テ偽造ヲ教唆シタルニ被教唆者乙ハ丙ト謀リテABニ対シ行使スル目的ヲ以テ偽造ヲ為シタルニ依リ甲ノ意思ト乙等ノ実行行為トノ間ニ齟齬アルハ勿論ナレトモ前ニ述フルカ如ク行使ヲ受クヘキ相手方ヲ特定スルコトハ文書偽造罪構成ノ要件ニアラサルニ因リ此点ニ関スル齟齬ハ被告甲ニ対スル教唆犯ノ成立ヲ阻却スルコトナシ何トナレハ被告甲ハ他人ニ行使スル目的ヲ以テ文書ヲ偽造スルコトヲ教唆シ被教唆者ニ於テモ亦他人ニ行使スル目的ヲ以テ文書ヲ偽造シタルモノナレハナリ」(大判明四三・一二・二六 刑録一六・二三〇七)。

【36】「教唆罪ハ特定ノ犯罪行為ヲ実行スヘク他人ヲ決意セシメ而シテ其犯罪行為ノ実行アルニ因リテ成立スヘク其実行行為ノ方法若クハ結果カ教唆者ノ指定シタル実行方法若クハ其予期シタル結果ト全然符号シ毫釐ノ差違ナキコトヲ必要トセス蓋シ教唆ト実行トノ間ニ手段若クハ結果ニ付キ異同アリトスルモ之カ為メニ重キ他ノ犯罪ヲ構成セサル限リハ教唆者ハ実行者ノ行為ニ付キ責ヲ負フハ当然ナレハナリ原判決ニ依レハ被告ハ第一審相被告甲ニ対シテ偽物ノ指環ヲ金製ナリト詐言シ質屋ヲ欺罔シ之ヲ入質シテ金十五円ヲ騙取スヘシト教唆シ右甲ハ直ニ質屋ニ至リ該指環ヲ示シ金製ナレハ之ヲ担保トシテ金十円ヲ貸与

スヘシト申欺キ該金員ヲ交付セシメタル事実ニシテ被告ハ特定ノ詐欺罪ヲ甲ニ教唆シ甲ハ之ニ応シテ右詐欺罪ヲ実行シタルモノニ外ナラサレハ教唆者ト実行者トノ間ニ手段若クハ結果ニ関スル観念ニ付キ錯誤アルコトナキノミナラス被告カ十五円ヲ騙取スヘシト教唆シタルニ拘ハラス甲カ十円ヲ騙取シタルカ如キハ詐欺罪ノ賍額ニ付キ異同アリタルニ過キス賍額カ教唆者ノ指定セル範囲以内ニ在ルト其以外ニ出ルトハ固ヨリ犯罪構成若クハ刑罰加重ノ事実ニ付キ影響ヲ及ホスモノニ非サレハ賍額ノ異同ハ教唆シタル犯罪ト実行シタル犯罪トノ間ニ於テ犯罪ノ構成要素ヲ同一ナリト論スル妨碍タルモノニ非ス故ニ原判決カ被告ノ行為ヲ以テ詐欺罪ノ教唆ナリト判定シタルハ相当ニシテ論旨ハ理由ナシ」（大判大二・二・三刑録一九・一七八）。

右のほか、判例は、封印破棄罪につき、差押物の隠匿を教唆したところ被教唆者が差押物たる簞笥を隠匿するためその抽斗を抜き取り封印を損壊したとき（大判大一〇・四・七新聞一八四二・二二）、偽証罪につき、内容が多少ちがつていたとき（大判大五・一・二二刑録二二・五六八、大判昭七・二・二六刑集一一・一二六、大判大一〇・六・二五）、放火罪につき、甲宅の放火を教唆したのに正犯が甲宅に延焼させる目的で乙宅に放火したとき（大判昭九・一二・一八刑集一三・一七四七）、窃盗罪につき、被害者および目的物がちがつていたとき（大判大九・三・一六刑録二六・一八五〔研究〕牧野・刑法研究三巻二一六頁以下）、森林窃盗罪につき、目的物がはるかに多くなつたとき（大判明四五・五・一七刑録一八・六一二）、強盗罪につき、目的物がちがつていたとき（大判大一三・一〇・一五刑集三・七四二）、など、いずれも教唆犯の成立をみとめている。

(2)　抽象的事実の錯誤

（イ）　ある被害者に対する住居侵入**窃盗**を教唆したところ、被教唆者が他の被害者に対する住居侵入**強盗**をした事案につき、法定的符合説（構成要件的符合説）の立場から、住居侵入窃盗の範囲において教唆犯としての責任を負うべきことを理論的にみとめた判例（最判昭二五・七・一一刑集四・七・一二六〇）については前に引用した（前述二四頁以下参照）。

窃盗の意思で見張りしていたところ、他の共犯者が強盗をしたばあいについて

【37】「被告人以外の共犯者は最初から強盗の意思で強盗の結果を実現したのであるがただ被告人だけは軽い窃盗の意思で他の共犯者の勧誘に応じて屋外で見張をしたと云うのであるから被告人は軽い窃盗の犯意で重い強盗の結果を発生させたものであるが共犯者の強盗所為は被告人の予期しないところであるからこの共犯者の強盗行為について被告人に強盗の責任を問うことはできない訳である、然らば原判決が被告人に対し刑法第三十八条第二項により窃盗罪として処断したのは正当であつて原判決には毫も所論の如き擬律錯誤の違法はない」(最判昭二三・五・一刑集二・五・四三五〔研究〕中野・刑評八巻二六二頁以下、平野・判例研究二巻三号三一頁以下)。

【38】「原判決挙示の証拠により被告人甲が相被告人並原審相被告人等四名とも五人で本件被害者方での窃盗を共謀し、その実行に際し被告人甲と原審相被告人乙が見張を担当し、財物奪取の役割を担当した他の者等と共同一体となつて本件犯罪を実行したことが認められるし、本来窃盗といい、強盗といい、等しく他人の財物を奪取することによつて成立する犯罪行為で其の本質上同一意思に発しその手段が随時一は財物占有者の不知を利用し、一は占有者の意思を抑圧強制する差異ある丈の同種行為と解すべきだから本件においては被告人甲の所為は客観的には本件犯罪全体について共同正犯たる役割を果したものといわねばならない。ところで被告人甲は本件犯罪の実行に先だち財物奪取の手段として共犯者等が用いた暴行脅迫の所為につき関知しなかつたので此の点丈の犯責は刑法第三十八条第二項の規定により問擬し得ないに止まり、共同正犯の責を免れ得べき謂がない。原判決がその挙示の証拠により被告人甲の所為を本件犯罪の共同正犯と認定し判示法条を適用して之を処断したのは洵に相当で所論を肯定する何等の根拠を発見し難いので論旨は到底採用し難い。」(仙台高秋田支判昭二五・三・六特七・八五)。

【37】は、窃盗の共同正犯としているが(もつとも、窃盗の幇助犯とすべきであろう)、この窃盗が成立するという結論を刑法三八条二項からひき出している。すなわち、原審判決が、被告人の行為は刑法二三六条一項、六〇条にあたるが……同法三八条二項によつて二三五条の刑責を負わしめうるにすぎないとした点につき、「原審判決は刑法第二百三十六条第一項第六十条を適用せるも右は全く法律の適用を誤りたるものにして、刑法第二百三十五条の窃盗罪を適用すべきものである」とする上告論旨に対して、本判決は、原判決が「結局刑法第三十八条第二項により窃盗罪として同法第二百三十五条を適用し……たこと明白であ

つて右最初の記載は要するに『生じた結果の点からすれば、本来は刑法第二百三十六条第一項第六十条に当るべき場合なのであるが』と云う意味に過ぎないので同法条を適用した趣旨でないことは疑を容れない」「原判決が被告人に対し、刑法第三十八条第二項により窃盗罪として処断したのは正当」であるとしているのは、三八条二項を、重い罪の成立をみとめ、ただ刑だけを軽い罪の範囲に限定するというものでなく、重い罪の成立を否定したものと解しているように思われる。これは、従来の判例の態度にはみられなかつたところである（大判明四三・四・二八刑録一六・七六〇参照、なお二一〇頁以下参照）。なお、【38】が、窃盗と強盗とが「物を取る」（盗取）という行為において構成要件的に重なりあうものであるという趣旨を示している点に注意すべきであろう。

（ロ）恐喝を共謀して現場に臨んだところ、他の共犯者が共謀の範囲をこえて強盗をしたばあいは、三八条二項によつて恐喝の責任を負うべきは当然であるとする判例（最判昭二五・四・一一判例体系三〇・一〇一八）がある。なお、同趣旨の判例として、

【39】「被告人は……昭和三十三年一月二十五日夜甲と共に……飲食店『大江戸』こと星千代方で飲酒している際、甲の舎弟分である乙、丙、丁等に会い、同人等から同店で飲食していたAに酒でも飲ませて貰うから同人を『大江戸』から誘い出してくれと頼まれるや、右乙等がAに因念をつけ金品を喝取しようとしているものであることを知りながらこれを承諾し、言葉巧みにAに言い寄り、同人を『大江戸』より連れ出し、同人と共にパチンコ屋で遊戯したり、すし屋で飲食したりした後、更にAの意に従うかの如く装い静かな旅館に案内すると称して午後九時頃同人と共に……八幡山公園の方に向い、被告人等を追尾する右乙等から秘かに合図を受けながら前記公園南側正門登口附近に差しかゝつたが、一方右乙等三名はその頃右Aに暴行を加え同人の所持金を奪取せんことを共謀し、乙が突如馳け抜けて被告人と共に歩いていたAの前に立塞がり同人に対し『俺の女をどうする気か』などと申向け、やにわに同人の顔面を殴打し、続いて丙及び丁も右Aの顔面、腰部等を手拳或は長さ約

四十五糎位の棒で乱打する等の暴行を加えその反抗を抑圧した上、同人より現金約四万五千円を強取し、その際右暴行により右Aに対し、全治約二週間を要する全顔面、右前額部及び右頭頂部打撲傷、右内踝部及び右頭頂部裂傷の傷害を負わせたが、被告人は当時右乙等がAより金品を喝取せんとしていることは了知していたが、右のように暴行を加え金員を強取せんとしていたことは知らなかつたものである。」

「法律に照らすと、判示所為は刑法第二百四十条前段第六十条に該当するのであるが、被告人は右犯行当時恐喝の犯意しかなかつたのであつて、右乙等の本件所為は被告人の予想しなかつたところであるから、被告人に対しては同法第三十八条第二項に従い軽い第二百四十九条第一項の刑責を負わせることとし」（東京高判昭三五・四・二一東高裁判決時報一一・四・八六）。

（ハ）　脅迫の意思で恐喝に加功したばあいについて

【40】（事実）　甲は、A・B・Cを恐喝して金円を領得しようとして、その雇人乙に脅迫文書と出刃庖丁をA・B・Cに郵送することを命じた。乙は甲が財物を喝取しようとしている情を知らずに、その命に従つて、脅迫文書を代書し、出刃庖丁とともにA・B・Cに郵送した。

（判旨）「原判決ハ被告甲ニ付テハ財物騙取ノ目的ヲ以テ原審相被告乙ヲシテ所掲恐喝ノ行為ヲ実行セシメタルモ其目的ヲ遂ケサリシ事実ヲ判示シ之ヲ恐喝未遂罪ニ問擬シ而シテ相被告乙ニ付テハ被告甲ノ財物ヲ騙取セントスル情ヲ知ラス甲ノ命ニ依リ所掲恐喝ノ行為ヲ実行シタル事実ヲ判示シ其認識シテ実行セル犯罪ノミヲ論シ脅迫罪トシテ処断シタルハ相当ニシテ原判決ニハ所論ノ如キ理由齟齬ノ違法アルコトナシ」（大判大元・一一・二八刑録一八・一四四五）。

（ニ）　被告人甲は乙とAに対して虚偽公文書作成を教唆することを共謀したところ、乙は甲にはかることなしに、丙を教唆して公文書を偽造させたという事案につき、被告人は公文書偽造教唆につき故意を阻却しないとする判例（最判昭二三・一〇・二三刑集二・一一・一三八六）については前述したところ（二二頁以下）を参照されたい。

（ホ）　幇助者は予備にとどまるものと考えていたところ、正犯が実行行為を遂行したばあい

【41】「原判決ニ依レハ被告人甲乙ハ丙等少壮海軍将校カ陸軍士官候補生等ト提携シ手榴弾及拳銃ヲ使用シ集団的ニ暴力ニ依リ政党財閥特権階級等ヲ襲撃シ因テ国家革正ノ烽火ヲ揚ケントスル犯罪ノ実行ヲ予見シナカラ其ノ用ニ供スル拳銃実弾ヲ供

与シタルモノナレハ仮令被告人等ハ当時正犯カ其ノ犯罪ヲ実行スル時期方法等ニ付具体的ニ之ヲ了知スルコトナク差当リ武器ノ調達等其ノ実行ノ予備ヲ為スニ止ルモノト思料シ居リタリトスルモ苟モ正犯ニシテ単ニ予備ノ程度ニ止ラス進ンテ被告人等ノ予見シタル実行行為ヲ遂行シタル場合ニ於テハ被告人等ハ其ノ実行行為ヲ幇助シタル従犯トシテ責ニ任スヘク単ニ予備ヲ幇助シタルモノ即チ予備罪ノ従犯タルニ過キサルモノト解スヘキモノニ非ス」（大判昭一〇・一〇・二四刑集一四・一二六七）。

（ヘ）　傷害の幇助の意思で匕首を貸したところ、正犯が殺人をしたばあいについて

【42】「被告人の認識したところ即ち犯意と現に発生した事実とが一致しない場合であるから、刑法第三八条第二項の適用上、軽き犯意についてその既遂を論ずべきであつて、重き事実の既遂を以つて論ずることはできない。原判決は右の法理に従つて法律の適用を示したもので、所論幇助の点は客観的には殺人幇助として刑法第一九九条第六二条第一項に該当するが、軽き犯意に基き傷害致死幇助としては同法第二〇五条第六二条第一項を以つて処断すべきものであることを説示したものである」（最判昭二五・一〇・一〇刑集四・一九六五）。

右の判例について、木村教授は、判例が幇助者の行為を傷害致死幇助とするについて刑法第三八条第二項の適用を論じたのは妥当ではないとされておられる（木村・総論二二一頁）。また、団藤教授は「傷害を教唆したところ、被教唆者が被害者を殺したとせよ。傷害罪の限度で教唆犯が成立することは疑いないが、教唆者がその結果を予見しえたばあいに、傷害致死罪の教唆犯が成立するであろうか。独立性説からいえば問題なしにこれを肯定することになるが、傷害の教唆は傷害の実行行為でないと解するときは疑問である。なるほど、教唆犯については『正犯に準ず』るものとされることの解釈によつて、これを肯定することができるかも知れない。しかし、幇助犯について、同様の問題を考えるときは、この疑問はやはり疑問として残る。おそらく否定的に解するべきであろう」（団藤・綱要（総論）三三〇頁）とされて、判例の結論に対して否定的態度を示されておられる。

（ト）強盗共謀者の一人が殺人をしたばあいにおける他の共謀者の責任について

【43】（事実）被告人は甲とA女に暴行脅迫を加えて金品を強取しようと相謀り、甲が縁の下から飛び出して座敷へあがろうとしたところ逸早く同女に気付かれて大声を立てられたので、まず甲が同女を組み伏せ、つづいて被告人も縁の下から出て右手で同女の口を抑えた。すると同女が極めて悲痛な声を出したので、被告人は思わずその手を同女の口から離したところ、同女は這うようにして逃げ出した。そして、なおも頻りに声を立てるので、甲は、むしろ同女を殺害して物品を強取しようと決意して、両手で同女の頸をしめて急性窒息死に至らしめて殺害した。そこで、両名は金品を物色し、同女所有の現金等を強取したものである。

（判旨）「強盗殺人罪は、強盗する機会に人を殺すによつて成立する結合的犯罪である。数人が強盗の罪を犯すことを共謀して各自がその実行行為の一部を分担した場合においては、その各自の分担した実行行為は、それぞれ共謀者全員の犯行意思を遂行したものであり、又各共謀者は他の者により自己の犯行意思を遂行したものであるから、共謀者全員は何れも強盗の実行正犯としてその責任を負うべきものである。そして、強盗共謀者の一人又は数人の分担した暴行行為により殺人の結果を生じたときは、他の共謀者もまた殺人の結果につきその責任を負うべきものである。……されば、被告人が甲と強盗につき共謀したことは動かぬ事実である以上、犯行の途中から甲が強盗の手段として殺意を生じて殺害した結果について、被告人もまた強盗殺人の加重責任を負担すべきは当然である」（最判昭二三・一一・四刑集二・一二・一四五二〔研究〕北本・刑評一〇巻九八頁以下）。

ここでは、刑法二四〇条後段の解釈の問題がからんでおり、しかも同条の解釈をめぐつて見解が対立しているが、わたくしは、二四〇条後段は、強盗罪と殺人罪との結合罪（殺意ある強盗殺人罪）と強盗罪と傷害致死罪との結合罪（殺意なき強盗致死罪）とをあわせ規定したものであると考える（通説の立場である。なお、福田・刑法各論二三五頁以下参照）。そこで、強盗共謀者の一人が実行行為の途中から強盗の手段として殺意を生じ人を殺害したばあいには、その者は殺意ある強盗殺人罪として論ぜられ、殺意のなかつた他の共謀者は殺意のない結果的加重犯たる強盗致死罪の罪責を負うものと解する。なお、右の判例の具体的事案について考えると、被告人は実行行為の現場で、甲が殺害行為をしているのを傍でみていて放任していた模様で、むしろ甲の殺害行為を認容していたものと考えられ、そこで被告人に該殺人について未必的故意があつたものとみられるから、被告人にも強盗殺人罪の罪責をみとむべきであろう。

左の判例は、上述の趣旨からいつて、妥当であろう。

【44】「強盗の共謀者は、他の一人が犯行の途中強盗の手段として殺意を生じて被害者に傷害のみ与えた場合には、その殺意につき共同犯行の認識のない限り、他の一人が殺意を以て傷害を与えた結果につき強盗致傷の加重責任を負担するは格別、強盗殺人未遂の罪を以つて問擬さるべきではない。」（仙台高判昭二七・一〇・二五特二二・一九二）。

（チ）　強盗を教唆したところ、被教唆者が強盗殺人を実行したばあいにつき、左の判例は、旧法に関するものであるが、教唆者において被教唆者が財物を強取するについて被害者を殺害すべきことを予見しないかぎり強盗殺人教唆の責任を負わないとしている。なお、教唆者にとつて死の結果が予見可能であつたばあい、結果的加重犯たる強盗致死罪の教唆犯が成立するかどうかについては議論があろう（前述三四頁参照）。

【45】「原判決ノ事実及ヒ法律ノ理由ヲ要約スレハ被告甲及ヒ乙ハAヲ殺害シ財物ヲ強取スル決意ヲ生セシメタル者ニ非サルモ既ニ強盗ノ教唆ヲ為シ其実行方法ニ関シ制限ヲ付シタルコトヲ認ムヘキモノナキ以上ハ強盗ノ体様ヲ異ニスルモノニ外ナラサル強盗殺人罪ノ責任ヲモ免ル、コトヲ得スト云フニ帰着ス然レトモ此ノ如キ説明ハ被告甲乙ニ対シ強盗殺人教唆罪ヲ認ムル理由トスルニ適セス何トナレハ教唆者ハ其指定シタル犯罪以外ノ犯罪ニ付キ責任ヲ負フヘキ者ニ非サルコトハ前掲法文（旧刑法一〇五条・一〇八条―筆者註）ニ明示スル如クナルニ因リ刑法上一種ノ特別罪ヲ為スモノト看做スヘキ強盗殺人罪ノ教唆ハ単ニ強盗ノミヲ教唆シタル者ノ責任タラシムルヲ得ス従フテ被告甲乙ヲシテ強盗殺人教唆ノ責任ヲモ負担セシメントスルニハ丙及丁カ証書強取ニ関シAヲ殺害スルコトヲ予見シタリトノ事実ヲ認メサルヘカラサルニ拘ハラス原判決ニ於テハ前説明ノ

如ク強盗教唆ノ事実ヲ認メタルニ過キスシテ其強盗ヲ為スニ因リA殺害ノ事実ヲモ予見シタリト認メタルニ非サレハナリ」（大判明三七・四・一五刑録一〇・八〇一）。

（リ）強盗共犯者の一人が強姦したばあい他の共犯者の責任に関して、左の判例は、強姦の点について共謀のない者にまで強姦の責を負わせることができないとしているが、妥当である。

【46】「強盗強姦罪は強盗の身分あるものが強盗の機会に婦女を強姦することによつて成立するものであつて所論のごとくいわゆる結合犯ではあるが、強盗罪の結果的加重犯である強盗殺傷罪とは異なり、強盗の点についてのみ共謀の事実があつたからといつて、強姦の点について共謀なき者にまで強姦の責を負わせることはできないのである。したがつて数人が共謀の上強盗罪を犯し、その際その内の一人が他の共犯者と共謀することなく婦女を強姦したときは単にその者のみ強盗強姦罪の責を負うべきは当然であつて、この場合強盗の点については他の共犯者のなした行為についても責任を負うこと勿論であるから、その点につき刑法第六〇条を適用すべきこともまた疑なきところである。されば本件において強姦の点については各被告人間に共謀の事実なき以上強盗の点についてのみ刑法第六〇条を適用したのはまことに相当である」（東京高判昭二六・七・一七特二一・一四五）。

(3)　なお、結果的加重犯に関しては、基本的犯罪を教唆したところ結果的加重犯が成立したばあいについては、判例は結果的加重犯の教唆犯の成立をみとめていること（たとえば、大判大一三・四・二九刑集三・三八七は、暴行を教唆したところ致死の結果が発生したばあいにつき、傷害致死罪の教唆の成立をみとめている。その他、大判大一一・一二・一六刑集一・七九三、大判昭六・一〇・二二刑集一〇・四七〇等）、および、共同正犯の一人の行為から生じた結果について結果的加重犯が成立したばあいにつき、判例は、大審院以来、直接その原因となつた行為を担当しなかつた他の共犯者についてもその罪の成立をみとめていること（強盗致死罪につき、大判明四二・六・八刑録一五・七二八、最判昭二六・三・二七刑集五・四・六八六等、強盗致傷罪につき、大判昭一〇・六・二五刑集一四・七三二、最判昭二二・一一・五刑集一・一〔研究〕小野・刑評七巻一五三頁以下、植松・新報五七巻四号一一六七頁以下、団藤＝平野・判例研究一巻一五頁以下等、傷害致死罪につき、最判昭二三・五・八刑集二・五・四七八〔研究〕小野・刑評八巻二九七頁以下、平野・判例研究二巻三号五五頁以下等、強姦致傷罪につき、大判明四一・四・一四刑録一四・三九一）を指摘するにとどめる。

（三）　共犯の諸形式相互間における事実の錯誤

(1)　教唆の意思で教唆の教唆の結果を生じたばあい、このような錯誤は故意を阻却しない。

【47】（事実）　被告人は、甲に対してAを殴打することを教唆したところ、甲はその実行を決意したが、自分では実行せず、さらに乙、丙に対して各別にAを殴打することを教唆した。乙、丙はこれを実行してAに創傷を負わせた。

（判旨）　「刑法第六十一条第二項ニ所謂教唆者ヲ教唆シタル者トハ他人ニ対シ第三者ヲ教唆シテ犯罪ヲ実行セシムヘキコトヲ教唆シ以テ其ノ第三者ヲシテ其ノ犯罪ヲ実行スルニ至ラシメタル者ノミナラス他人ヲ教唆シテ犯罪ノ実行ヲ決意セシメタルモ被教唆者自ラ実行セス更ニ第三者ヲ教唆シテ実行セシメタル場合ニ於ケル第一ノ教唆者ヲモ指称スト解スヘキモノトス蓋シ右後段ノ場合ニ於テモ犯罪ハ第一ノ教唆行為ニ胚胎スルモノニシテ此ノ教唆ナカリセハ犯罪ハ実行セラレサリシモノナレハ第一ノ教唆行為ト犯罪実行トノ間ニハ因果的連絡アリ且其ノ実行ハ固ヨリ第一教唆者ノ予期ノ結果ヲ生シタルモノニ外ナラサルヲ以テ其ノ間第二ノ教唆行為ノ介在スルアリト雖之カ為ニ因果関係ハ中断セラルルモノト謂フヘカラス尚第三者ヲ教唆シテ犯罪ヲ実行セシメタル者（第一ノ被教唆者）カ教唆者ナルコト言ヲ俟タス従テ第一ノ教唆者ハ之ヲ教唆者ヲ教唆シタルモノト称スルニ何等ノ支障アルコトナシ加之ヲ前段ノ場合ニ於ケル第一ノ教唆者ニ比スルニ其ノ刑事責任ニ逕庭アルヘキノ理由ナケレハナリ」（大判昭六・一二・一八刑集一〇・七九三、同旨、大判大三・一一・七刑録二〇・二〇四六、最判昭二八・六・一二刑集七・六・一二七八）。

(2)　教唆の意思で間接正犯の結果を生じたばあいは、教唆の限度で責任を問うべきである。

【48】　「被告人は犯罪の実行意思のなかつた原判示甲及び乙を唆かして窃盗を決意、実行せしめたことを優に窺いえられるのであつて被告人が自己のために実行行為をなすべく行動したものでないと認めるべきであるから原審が被告人の右事実を窃盗の教唆と認定したのは相当である。なお被告人は当時乙は刑事責任能力者と思惟していたが事実は刑事責任年令に達していなかつたことが確認しえられるので此の点は窃盗の間接正犯の概念をもつて律すべきであるが刑法第三十八条第二項により被告人は結局犯情の軽いと認める窃盗教唆罪の刑をもつて処断さるべきが相当であるというべきであるから原判決には所論のような違法は存しない」（仙台高判昭二七・二・二九特二二・一〇六）。

(3)　共謀者の一人が他人を教唆して実行させたばあい

【49】（上告論旨）「乙ハ甲ト放火ノ共謀ヲ為シ其ノ実行ヲ甲ニ一任シタリト雖モ丙ヲ教唆シテ放火セシムルコトハ之ヲ共謀セス故ニ之カ教唆ノ責任ヲ負フヘキ理由ナシト云ハサル可カラス」

（判旨）「原判決ニハ所論ノ如ク被告人甲乙ノ両名ハ其ノ請負建築中ノ校舎ニ保険金五万円ノ火災保険契約ヲ締結シアルヲ奇貨トシ同校舎ノ一部ヲ焼燬シ右保険金ヲ騙取センコトヲ謀議シ其ノ実行ハ被告人甲ニ於テ担当シ被告人乙ノ不在ノ際之ヲ決行スルコトニ打合セタル旨判示シアリテ右判示事実中其ノ実行ハ被告人甲ニ於テ担当スヘク打合セタル旨判示スル所ハ右校舎焼燬及保険金騙取ノ謀議ヲ実現セシムル方策ハ被告人甲ニ於テ之ヲ担当スヘク打合セタルノ趣旨ナルコト明カナルヲ以テ被告人乙ハ同甲カ自ラ手ヲ下シテ右校舎ヲ焼燬スルト他人ヲ教唆シテ右謀議ヲ遂行セシムルトヲ問ハス其ノ結果ニ付テ責任ヲ負担スヘキコトハ当然ナリト認メサルヘカラス而シテ被告人甲ハ丙ヲ教唆シテ右校舎ヲ焼燬セシメタルモノナルカ故ニ被告人乙モ亦被告人甲ト等シク放火ノ教唆ニ付テノ責任ヲ負フヘキコト当然ノ条理ナリトス」（大判昭六・一二・三刑集一〇・六七七）。

二　法律の錯誤

一　事実の錯誤と法律の錯誤との関連

（一）序説　事実の錯誤とは構成要件の客観的要素についての錯誤であり、法律の錯誤とは行為の違法性についての錯誤であるということは前述した通りである。こうした意味での法律の錯誤は、構成要件の客観的要素についての認識を欠いたために生ずることもある。しかし、このばあいは、いわゆる事実の錯誤が問題となるのであつて、法律の錯誤の問題は、構成要件の客観的要素（構成要件に該当する客観的事実）についての認識はあつたが、行為の違法性の意識を欠いたばあいに生ずる。

ところで、故意の成立に必要ないわゆる「事実の認識」は、単なる事実の表面的な表象だけでは足らず、その事実の意味内容をも認識すること、すなわち「意味の認識」(Bedeutungskenntnis) を必要とすることは最近の通説のみとめるところである（木村・総論二一二頁以下、団藤・綱要（総論）二一五頁以下）。構成要件に該当する事実が意味に充ちたものである以上、その意味の認識を必要とすることはいうまでもない。もつとも、この意味の認識は、法律の規定の認識や事実の法規に用いられた概念への形式的あてはめでないこともちろんであるが、さらに、それは、専門家的認識である必要はなく、行為者の属する社会の一般人の判断において理解されている程度の意味の理解が行為者にあれば足りるのである（メツガーが意味の認識には「行為者の属する素人の世界における並行的評価」が必要であるとし、ヴェルツェルが「行為者の意識における並行的評価」が必要であると述べているのも同趣旨であろう。なお、意味の認識については、木村・総論二一三頁以下、団藤・綱要（総論）二一五頁以下、福田・警研二二巻九号二三頁以下、同行政刑法（法律学全集）一一六頁以下参照）。ところで、構成要件によつては、事実と法律とが密接に結びついているものもあり（行政犯、とくに経済統制犯に多く見られる）、このばあい、具体的にいかなる程度の事実の認識が故意の成立に必要であるかがとくに問題となる。すなわち、こうしたばあいにおいて、ある錯誤によつて構成要件該当の事実についての認識を欠くに至るか、それとも事実の認識はあるが行為の違法性の意識を欠くに至るか、いいかえれば、この錯誤は、事実の錯誤か法律の錯誤かが問題となる。

事実の錯誤と法律の錯誤との区別に関して、次のような高等裁判所の判例がある。事案は横領罪に関するものであるが、そこで述べられている標準では、事実の錯誤と法律の錯誤との区別を明瞭としないばかりでなく、こうした標準を一般化すること自体問題であろう。

【50】「一定の行為をなす権限を有すると信ずることと該行為は許される行為であると信ずることとは異なる。後者は法律の錯誤で犯意を阻却しないが前者は事実の錯誤で犯意を阻却する。而して権限を有すると信ずることについて過失があつても犯意を阻却するのである。

然るに原判決は被告人等は本件小麦粉をもらいうけ自由に処分し得ると信じたことに被告人等の責に帰すべき過失があつた

と認めるのが相当である旨説示し、右小麦粉を自由に処分することができる権限があると信じても横領の犯意があるように解しているのは法律の解釈を誤つたものである」（東京高判昭二四・一〇・二二刑集二・三・一九一）。

（二）　事実の認識の程度

(1)　故意の成立に必要な事実の認識にとつて、刑罰法規の認識や事実の法規に用いられた概念へのあてはめを必要としないことは前述した通りであるが、左の判例は、この点を示すものとしては、正当である。

【51】「価格等統制令第七条所定ノ指定価格ヲ超エテ物品ヲ買受ケタル場合同条違反罪ノ成立ニ必要ナル故意アリト為スニハ買主ニ於テ指定価格ヲ超過スルヤモ知レサルノ事実ヲ所謂未必的ニ認識スルヲ以テ足リ自己ノ行為カ如何ナル法令ニ違背スルモノナリヤヲ知ルノ要ナキハ勿論右指定価格ノ幾何ナリヤ該価格ヲ幾何超過スルヤ等ヲ詳細精確ニ確知セルコトヲ要スルモノニ非ス」（東京控判昭一七・八・二七刑集二一・一三附録二一〔研究〕小野・刑評五巻二六一頁以下）。

【52】「疫痢カ伝染病予防法第一条所定ノ伝染病ノ一種ニ属スルモノナルコトヲ知ラサリシトスルモ是レ即チ刑罰法規ノ不知ニ外ナラサルカ故ニ之ヲ以テ当時被告人ニ犯意無カリシモノト為スヲ得サルモノトス」（大判昭二・三・一一新聞二六九三・一二）。

【53】「昭和二二年政令第百六十五号第一条の法意は一、連合国占領軍の財産、二、その将兵の財産、三、連合国占領軍に附属する者の財産、四、連合国占領軍に随伴する者の財産で、占領軍関係福利機関以外の者から日本国内において取得した日本国製品以外の物（以上を所謂進駐軍物資或は財産と総称している。）は何人も公に認められた場合以外には収受所持をしてはならないというのであつて、犯人においてその物が所謂進駐軍物資であることを知つていて且つ客観的にその物が進駐軍物資である以上は公に認められた場合以外にこれを所持しておれば犯罪を構成するのであつて、犯人において右一乃至四のいずれに属するものであるかを区別して認識することは必要がないのである」（東京高判昭二六・七・五特二一・一二九）。

(2)　いわゆる「あてはめの錯誤」、ある事実が構成要件に用いられた概念に該当するかどうかについての錯誤に関して

【54】「刑法第百七十五条の猥褻文書販売罪における犯意の成立については、当該文書の内容たる記載のあることを認識し、且つこれを販売することの認識あるをもつて足り、右文書の内容たる記載の猥褻性に関する価値判断についての認識、即ち、右文書の内容たる記載あるが故に当該文書が『猥褻文書』に該当することの認識はこれを必要としないものと解すべきである。即ち、性交等性的行為に関する記載あるが故に猥褻文書販売罪が成立する場合においては、当該性的行為に関する記載のあることを認識し且つこれを販売することの認識あるをもつて足り、右性的行為に関する記載の猥褻性に関する価値判断についての認識即ち、右性的行為に関する記載あるが故に当該文書が『猥褻文書』に該当することの認識はこれを必要としないものというべきである」（東京高判昭二七・一二・一〇刑集五・一三・二四二九、同旨、東京高判昭三三・三・三一東高裁判決時報九・三・九〇）。

【55】「刑法一七五条の罪における犯意の成立については問題となる記載の存在の認識とこれを頒布販売することの認識があれば足り、かかる記載のある文書が同条所定の猥褻性を具備するかどうかの認識まで必要としているものでない。かりに主観的には刑法一七五条の猥褻文書にあたらないものと信じてある文書を販売しても、それが客観的に猥褻性を有するならば、法律の錯誤として犯意を阻却しないものといわなければならない。猥褻性に関し完全な認識があつたか、未必の認識があつたのにとどまつていたか、または全く認識がなかつたかは刑法三八条三項但書の情状の問題にすぎず、犯意の成立には関係がない」（最判昭三二・三・一三刑集一一・三・九九七。〔研究〕木村・法律時報二九巻六号六八八頁）。

右の判例は、いずれも、いわゆる「チャタレー事件」についての判決であり、【55】は、【54】に対する上告審における判決であるが、ここで問題とされる構成要件の規範的要素としての猥褻性の認識の点に関しては、【55】は【54】と同旨の態度を示している。この点について、木村教授は「判決理由がいうように、当該文書が刑法第一七五条の『猥褻文書』に該当するか否かの判断は必要でない。従つて、そのような当嵌の錯誤が故意を阻却しないことは刑法上今日では争がない。………ところが、判決理由が、故意の内容として『問題となる記載の存在の認識』があれば足り、文書の猥褻性は客観的に存在すればよいという点は、さらに細かく検討する必要がある。というのは、もと猥褻というのは『記載』ではなく、記載されたことがらの『意味』であり、そうした意味の記載された文書について第一七五条の犯罪が成立するのであるから、その意味の認識がなければ故意があるとはいい得ないのである。……そこで、猥褻の意味の認識がどのようなものでなければならないかについて論議が重ねられているので、ドイツでは、未必的にも『一般人の羞恥感情』を害するとの認識が必要と解している。……メツガーのいわゆる『行為者の属する素人圏における並行的評価』(Parallelwertung in der Laienspähre des Täters) が必要なのである。故に、本判決理由が、単に、『問題となる記載の存在の認識』をもつて足るとしたのは、構成要件の規範的要素たる猥褻性についての故意の概念を明確したものとはいい得ないし、又、もし判決理由が、文書が『客観的に猥褻性を有するならば』よいというのであればそれは第一七五条を故意犯とした意味を没却する考え方である」(木村・法律時報二九巻六号六八頁)と述べておられるが、全く正当な批評である。なお、団藤教授が「猥褻文書販売罪の成立のためには、行為者がその文書の性質を知つている必要がある。各頁に印刷された字体を明瞭に認識していても、文盲のために何が書かれているのかがわからず、その内容を知らないまま販売しても、故意があつたとはいえないのである。このばあい、この内容が刑法にいわゆる『猥褻』にあたるものであるかどうかについての認識は、むろん必要でない。『猥褻』という刑法的評価を基礎づけるところの、その文書の意味・性質を知つていることが、故意の要件となるのである」(団藤・綱要(総論)二一五頁)とされておられるのも同趣旨の見解といえよう。

なお、旧新聞紙法四一条の安寧秩序を紊す事項の認識に関して、

【56】「本件犯罪ノ構成ニハ必シモ安寧秩序ヲ紊乱スルノ意思アルヲ要セス苟クモ客観的ニ安寧秩序ヲ紊乱スル記事ヲ新聞紙ニ掲載シタル以上ハ掲載者自ラ其記事ヲ以テ安寧秩序ヲ紊乱スルモノニ非スト思惟セル場合ト雖モ尙ホ犯罪ノ成立ヲ妨ケサルヲ以テ本論旨ハ理由ナシ」（大判大四・一〇・二二録二一・一六五七。〔研究〕牧野・研究一巻三一一頁以下）。

【57】「被告ニ於テ判示記事ノ安寧秩序ヲ紊ス事項ナルコトヲ認識シタルヤ否ヤハ所論犯罪ノ成立ニ影響ナキノミナラス」（大判大八・一・二〇九刑録二五・八〇）。

【56】は「客観的ニ安寧秩序ヲ紊乱スル記事ヲ新聞紙ニ掲載シタル以上」犯罪の成立を妨げないとしているけれども、これが、この点についての認識を無視する趣旨のものであれば、旧新聞紙四一条違反罪の故意犯としての意味を没却するものであるし、該記事の外形的表象があれば足りるとするものであれば、故意の成立に意味の認識を不要とするもので、どちらにしても正当でない。もっとも、具体的事案についてみれば、被告人に掲載記事の意味についての認識はあったとみとめられ、ただそれが旧新聞紙上にいわゆる「安寧秩序ヲ紊ス」という概念にあたらない、すなわち、「あてはめ」の錯誤があったにすぎないものである。【57】も「記事ノ安寧秩序ヲ紊ス事項ナルコトヲ認識シタルヤ否ヤハ所論犯罪ノ成立ニ影響」がないとしているので、これだけ読むと、【56】と同趣旨の見解を示しているものとして前述の批判がここでもそのままあてはまるようにみえるが、事案を見ると、某紙の発行人A、編集人Bは、同紙上に「容れずんば掠奪せよ喰ふに困れば監獄あり不穏極まる貼紙」と題し、「要求せよ容れずんば掠奪せよ最後に喰ふに困らば監獄あり……米価騰貴の原因をなせるは奸手段を採れる相場師に在り喰ふと職とに泣く市細民の為めに相場師を梵殺せ」という記事を掲載したのであ

つて、被告人等は右記事を知つている以上、その意味についての認識（メッガーのいわゆる「行為者の属する素人の世界における並行的評価」）はあつたといいうるのであつて、ただ、それが旧新聞紙法にいわゆる「安寧秩序ヲ紊ス」という概念にあたるものであることを知らなかつたと主張するにすぎないものであるから、この主張を否定した点からみて、判例は、言葉は十分とはいえないが、こうした「あてはめの錯誤」は故意の成否に無関係であるという趣旨を述べたものとも理解しえないことはなく、もしそうであれば、妥当であろう。

なお、あてはめの錯誤が事実の認識に影響を及ぼす事実の錯誤にあたらないとする趣旨を示すものとして、

【58】『「トラホーム」患者ニ対シピンセットヲ使用シ患部ノ顆粒ヲ取去ルコトハ本来医術ニ属シ常業トシテ之ヲ行フ場合ニハ医業ヲ為スモノニ該当スルカ故ニ苟モ医業ノ免許ヲ受ケス故意ニ常業トシテ叙上ノ方法ニ依リ『トラホーム』患者ニ対シ患部ノ顆粒ヲ取去ル行為ハ医師法第十一条ニ規定スル罪ト為ルヘキ事実ヲ認識シ之ヲ実行シタルモノト謂フヘク其ノ行為ハ同法条ノ処罰規定ノ適用ヲ受クヘキモノトス行為者ニ於テ自己ノ従事スル行為カ医業若ハ医術ナルコトノ認識ヲ有スルコトハ素ヨリ其ノ犯罪ノ成立ニ必要ナラス故ニタトヒ禁厭ノ一方法ナリト思惟シテ之ヲ実行シタリトスルモ之ヲ指シテ罪ヲ犯スノ意ナキモノト謂フヲ得サルモノトス』（大判大一一・一一・一七刑集一・六六六）。

右の判例において、被告人は「トラホーム患者ニ対シピンセットヲ使用シ患部ノ顆粒ヲ取去」り、且つ「常業トシテ之ヲ行フ」ことを認識していたのであるから、「医業」をなすという構成要件該当の事実の認識はあり、ただ、被告人は誤つてその従事する行為が構成要件に用いられた「医業」に該当しないと考えたにすぎず、この点の錯誤はいわゆる「あてはめの錯誤」にすぎないから、故意の成立をみとめた判例は妥当である。

【59】　塩酸ヂアセルモルヒネの所持者がそれを麻薬である塩酸モルヒネと誤信していたばあいにつき「仮りに被告人が単なる塩酸モルヒネを所持するものと思つていたとしても、被告人は少くともそれが麻薬（塩酸モルヒネ）であることを知つていたのであるから、麻薬取締法三条に違反すること明らかであつて、同法同条による刑責を免れるものではない」（最判昭三〇・四・一九刑集九・五・八五五）。

右の判例において、旧麻薬法三条は、麻薬取扱者以外の者の麻薬の所持等を禁止するものであるから、被告人の右のような錯誤は、被告人の同法三条違反の故意の成立に影響のないこと当然である。

なお、昭和二〇年厚生省令四四号一条違反罪の故意に関する判例として、

【60】「麻薬取締規則（昭和二一年厚生省令第二五号）第二条、第四二条、第五六条に規定する所謂麻薬の所有或は所持罪については、所有或は所持者が麻薬であることの認識があれば、その麻薬の種類の如きは識別すると否とに拘らずその所有或は所持罪が成立すると解せられるのであるが、昭和二〇年厚生省令第四四号は麻薬の中その製剤が最も容易で且つ人体に及ぼす害毒が極めて激烈である塩酸ヂアセチルモルヒネ及びその一切の製剤だけを限つてその所有、使用、破棄、販売、購入、贈与、受贈、分配又は輸送を禁止し、且つこれが届出、没取等を定めた特別の規定であり、昭和二一年同省令第二五号は同令第二条所定の麻薬一般について定めた一般規定であるから、前者は後者の特別法たる性格を有するものと解せられる（昭二五年（あ）第三一八六号事件昭和二六年一二月二〇日最高裁判所第一小法廷判決参照）から、昭和二〇年厚生省令第四四号第一条違反罪が成立するが為めにはその所有する麻薬が単に麻薬であることの認識を有する丈では不十分であり、更にその物が塩酸ヂアセチルモルヒネ及びその製剤であることの認識を有することを必要とするものと解する」（東京高判昭二九・三・八東高裁判決時報五・二・六二）。

(3)　次に、有毒飲食物等取締令一条二項違反罪（飲用に供する目的を以つてする、メタノールの所持、譲渡、販売罪）の故意の内容としての事実の認識に関する判例を考察することとする。というのは、この点についての判例は数個にのぼつており、しかもその間に相矛盾するとも思われる見解が表明されているからである。

【61】 被告人はドラム罐に白ペンキで「メタノール」と書いてあつたので、それが自動車燃料用メタノールであることを十分知つていたが、メタノールはメチルアルコールとは別物で薄めて飲めば被害がないということを耳にしていたことがあるので、これを取り出し薄めて飲んだところ宿酔程度で異常がなかつたので、このメタノールを隣人某に譲渡したという事案について「そのメタノールは被告人の勤め先の原判示工場の傍にドラム罐に容れて置いてあつた自動車用燃料であつて、しかも、そのドラム罐には白ペンキで『メタノール』と書いてあつたのであり、被告人はそれが自動車用燃料たるメタノールであることを十分に知りながら某に譲渡したというのである。すなわち、被告人は本件メタノールをメタノールであることを知つて譲渡したのであるから、原判決が、被告人の右の所為を前記勅令第一条の違反罪に問擬したのは、まことに正当である。ただ、更に原判決の認定によれば被告人は右メタノールはメチル・アルコールとは別物であつて、飲んでも害はないものと思つて、すなわち自動車用燃料たる右メタノールの人の生命に対する危険性に関して不注意にも、これを認識せず、漫然、飲むも害のないものと軽信して、相手方が飲用に供することを知りながら、某にこれを譲渡し、その結果同人をしてこれを飲用して死にいたらしめたというのであつて、原判決はこの点に於て被告人の所為は刑法過失致死罪に該当すると判示したのである。すなわち原判決は本件メタノールの譲渡は被告人がメタノールであることを知つていた点において前記勅令第一条違反の故意犯が成立すると同時にそのものの有毒性であることを過失によつて知らなかつた点において、刑法過失致死罪が成立すると判定したのである」（最判昭二三・三・二〇刑集二・三・二五六〔研究〕金沢＝平野・判例研究二巻二号九一頁以下、平野・刑評八巻一四六頁以下）。

【62】 右品物がメタノールであるとのはつきりした認識はなかつたが、之を飲用に供すると身体に有害であるかも知れないと思つたにもかかわらずいずれも飲用に供する目的でメタノールを所持または販売したと認定して取締令違反の故意犯として処罰した原判決に対して「原審においては被告人はAから買受けた本件物件がメタノールであるというはつきりした認識はなかつたものと認定したと言わなければならない。しかしながら、原判決は被告人の本犯行を故意犯として処罰したのであるから、判示の『之を飲用に供すると身体に有害であるかも知れないと思つた』事実を以て被告人は本犯行について所謂未必の故意あるものと認定したものであると解せざるを得ない。しかしながら、身体に有害であるかも知れないと思つただけで（メタノールであるかも知れないと思つたのではなく）はたして同令一条違反の犯罪についての未必の故意があつたと言い得るであろうか。何となれば身体に有害であるものは同令一条に規定したメタノール又は四エチル鉛だけではなく他にも有害な物は沢山あるからである。従つてただ身体に有害であるかも知れないと思つただけで同令一条違反の犯罪に対する未必の故意ありと

いい得ない道理であるから、原判決は被告人に故意があることの説示を欠くところがあり、理由不備の違法がある」（最判昭二四・二・二二刑集三・二・二〇六〔研究〕出射・刑評一一巻七八頁以下、金沢・判例研究三巻一号五三頁以下、同旨、最判昭二四・四・二三刑集三・五・六一〇、〔研究〕福田・刑評一一巻二一〇頁以下）。

【63】『メチルアルコール』であることを知つて之を飲用に供する目的で所持し又は譲渡した以上は、仮令『メチルアルコール』が法律上その所持又は譲渡を禁ぜられている『メタノール』と同一のものであることを知らなかつたとしても、それは単なる法律の不知に過ぎないのであつて、犯罪構成に必要な事実の認識に何等欠くるところがないから、犯意があつたものと認むるに妨げない。而して本件にあつては被告人が法律に謂う『メタノール』即ち『メチルアルコール』を『メチルアルコール』と知つて之を飲用の目的で所持し且つその一部を譲渡したと云う原判決認定の事実は、原判決挙示の証拠によつて優に証明されるから、被告人の犯意を証拠によらずして認定したと云う非難は当らない」（最判昭二三・七・一四刑集二・八・八八九〔研究〕小野・刑評九巻一七五頁以下、福田・判例研究二巻五号七〇頁以下）。

【64】被告人は、Aから当該アルコールを購入した際、みずから試飲して味が悪いし、またドラム罐に入つているので変だと思い、一般にいわれているメチールが入つているのではなかろうかと疑を起しながら、何等確実な検査をしないで、そのまま販売したという事案につき「被告人は俗に言ふメチールが入つてゐるかも知れないと疑ひながら販売する意思（所謂未必の故意）を以て販売したのであるから、原判決において被告人に犯罪の意思ありと認定したことは相当であつて」（最判昭二三・一二・七刑集二・一三・一七〇二〔研究〕小野・刑評一〇巻二四九頁以下）。

以上の判例は、これを二つの系列に分けることができよう。すなわち、【61】では、「メタノール」という名称を認識しておれば、それがメチルアルコールとは別物で身体に害のないものと思つていても、（従つて、メタノールの実質を知らなくても）有毒飲食物等取締令違反の故意の成立がみとめられており、【62】は「身体に有害であるかも知れないと思つただけで（メタノールであるかも知れないと思つたのではなく）」は同令一条違反罪についての未必の故意があつたということはできないとしているが、これは、ただメタノールということさえ知つていれば（有毒性について全然知らなくても）故意が成立するという趣旨を含むものであるようにも思われる。もしそうだとすれば、【61】【62】は、「メタノール」という名称の認識があればそれだけで故意に必要な事実の認識には十分であるとする態度を示すものといえよう。これに対して、【63】は、メチルアルコールの認識があれば、「メタノール」と同一のものであることを知らなくても、犯罪構成に必要な事実の認識に欠くるところがないとしており、【64】はメチールかも知れないと思つただけで未必の故意が成立するとしており、これらの判例は、事実の認識には、「メタノール」という名称を知らなくてもメチルアルコールの認識があれば足りるとして、事実の認識につき意味の認識を重視している。有毒飲食物等取締令一条二項違反罪の故意の成立に、該物体が法文に用いられた「メタノール」に該当するという判断（認識）が必要でないこともちろんであり、また、逆に、単に「メタノール」という名称の表象だけでは足らずその意味内容の認識が必要であることは、前述したところからあきらかであろうから、第二の系列の判例の態度が正当である（なお、【61】においても、具体的事案について考えれば、被告人は当該液体がドラム罐に入つた自動車用燃料であることを知り、さらにその有毒性についても疑いをもつていたのであるから、ここから被告人に意味内容の認識があつたとみとめることができ、故意の成立は肯定されうる）。

ところで、事実の認識に意味の認識が必要であるということは、ことに、「メタノール」といった一般国民の知識からはなれた、親しみのうすい言葉が法文に用いられ、その外面的表象と意味内容の認識とが乖離することが多い本罪において、一層はつきり分かろう。すなわち、もしメタノールという名称の認識に故意の成立をかからしめると、当該液体の有毒性、すなわちメタノールの惹起する各種の身体障碍を知悉していたがメタノールという名称だけを知らなかつたばあいには故意の成立が否定され、逆に、当該液体がメタノールという名称のものであることさえ知つていれば、その概念内容を全然知らなくても故意が成立することになるがこれはいかにも不合理であろう。さらに、名称の認識で故意の成立をみとめることは、法文にいかなる名称を用いるかその規定の仕方——たとえば、メタノールという名称を用いるかメチルアルコールという名称を用いるかは多分に偶然的なことである——によつてその処罰の差異が生ずることになるが、この点からいつても不合理である。

それでは、有毒飲食物等取締令の「メタノール」というものの認識には、いかなる程度の意味の認識が必要であろうか。このばあい、メタノールの化学的成分の認識が必要でないことはもちろんである。メツガーのいわゆる「行為者の属する素人の世界における並行的評価」で十分である。これを具体的ばあいに適用して考えてみると、メタノールの意味内容の認識としては、身体に有毒なアルコール性の液体であるという認識で十分でなかろうか。そこで、【63】が、メチルアルコールであることを知つておればそれが「メタノール」と同一のものであることを知らなかつたとしても、事実の認識に欠くるところがないとしているは、メチルアルコールというものは、当時、それを飲んで死亡または失明する者が多く現われ、いわゆるメチル禍ということが新聞その他で世間に喧伝されていたので、それが、有毒なアルコール性の液体であることは一般に認識されていた事情から考えると、メチルアルコールという認識があれば、身体に有毒なアルコール性の液体という認識があつたといいうるから、正当であろう。【62】は、身体に有害なものはメタノール、四エチル鉛だけでなく他にも有害な物は沢山あるから、身体に有害であるかも知れないと思つただけでは未必の故意の成立に不十分であるとしているが、被告人は、飲用に供すれば身体に有害であるかもしれないと思つた液体を所持、販売したのであり、しかも、その液体を販売したばあいには、酒の代用として販売しているのであるから、その液体がアルコール性の液体であるという認識はあつたのであり、そこで被告人には身体に有害なアルコール性の液体という認識があつたとみとめうるから、このばあい有毒飲食物等取締令一条二項違反罪の故意の成立をみとむべきであろう（なお、この点について、福田・警研二二巻九号二一頁以下参照）。

(4)　意味の認識に関連し、法律の錯誤か事実の錯誤かが問題となつた判例として

【65】「原判決は更に進んで仮に被告人が本件物件を炭酸ソーダ乃至洗ソーダとは異る洗濯ソーダであつて価格統制のないものであると信じて取引の斡旋をしたとしても、それは法律の不知に過ぎないと説明を加えているのであるから、この点について考察するには、前記分析結果報告書（証第六号）を見れば、洗濯ソーダは科学的に云へば炭酸ソーダの水溶液から析出せられた結晶であつて、本件は正に学名炭酸ソーダであるところの洗濯ソーダに外ならないのであるが、このようなことは化学上の智識を有するものであつて始めて判り得ることであつて、普通の智識を以てしては却つて洗濯ソーダと炭酸ソーダとは別個のものであると思うのが一般である。このことは本件物件を買い受けたAがこれを洗濯ソーダとして函館市役所を通じて函館家庭雑貨小売商業協同組合に売り渡し、同組合が正規の手続によりこれを一般市民に配給した際市役所当局者がこれについて価格統制の有無を官報その他について検討し、更に警察署の経済係員や検察庁にまで問い合せた結果、洗濯ソーダについては価格統制はないという結論に達したという事実によつても十分了解できることである。然らば被告人が本件を洗濯ソーダであると信じたことは即ち前記告示により価格統制を受けている炭酸ソーダ又は洗ソーダを取引斡旋するものであることの認識を欠いていることに帰着するのであつて、このような物品の化学的性質に関する錯誤は、その犯意を阻却するものと云はなければならない」（札幌高函館支判昭二六・三・九特一八・一二〇）。

右の判例は、事実の錯誤と解し故意の成立を否定しているが、被告人が洗濯ソーダの意味内容を認

識していたならば（その化学的性質を正確に知る必要がないこともちろんである）、被告人の錯誤は、該洗濯ソーダが、法文に用いられた炭酸ソーダ乃至洗ソーダに該当しないと考えた点にあつて、これは、あてはめの錯誤であり、事実の認識に影響はないものと考える（もちろん、この錯誤が行為者の違法性の意識に影響を及ぼすことがありうることは別論である。わたくし自身は、本件のばあい、行為者が違法性の意識を欠いたことは無理からぬものとして責任を阻却するものと考える）。

(5) 公務執行妨害罪における職務行為の適法性についての錯誤

公務執行妨害罪における職務行為の適法性についての認識が同罪の故意の成立に必要であるかどうか、いいかえると、職務行為が違法であると誤信したばあい故意を阻却するかどうかが問題となる。職務行為の適法性を公務執行妨害罪の構成要件要素と解する以上、この点についての認識は構成要件要素についての認識であり、従つて、その錯誤は故意を阻却するものと解するのが理論的に正当であろう（大場・刑法各論（大七年）七五九頁、伊達・刑事法講座四巻六七七頁以下）。左の判例はこれを法律の錯誤と解し故意の阻却を否定する趣旨のものといえよう（同旨、大判昭六・一〇・二八評論二一諸法六九、泉二・日本刑法論各論（昭六年）七〇頁。なお、ドイツの判例は、職務行為の適法性は客観的処罰条件であつてその錯誤は故意を阻却しないとしている（同旨、Schönke-Schröder, StGB, 8. Aufl. S. 510, Mezger, StuB. II, 6. Aufl., S. 265）。フランクはこの錯誤は故意を阻却するとし（Frank, StGB, 18. Aufl. S. 293）、ヴェルツェルはこの錯誤を禁止の錯誤（法律の錯誤）と解している（Welzel, Das deutsche Strafrecht, 7. Aufl. S. 151））。

【66】「被告人ハ当時A市会議長トシテB議員ノ日程変更ノ動議ヲ上程スヘカラスト裁決シタルコトヲ認識シテ為シタルコト原判決ノ明ニ示ストコロニシテ既ニ右認識アリト為シタル以上被告人ニ公務執行妨害ノ犯意アリタルコトノ判示トシテ欠クルトコロナク当時被告人カ右議長ノ措置ヲ以テ適法ナラスト判断シ従テ議長ノ職務執行行為ニ妨害ヲ為スモノニアラスト思惟シタリトスルモ右ハ被告人ノ該行為ニ対スル法律上ノ判断ニ過キス其ノ如何ハ毫モ被告人ノ犯意ヲ左右スルモノニアラサルヲ以テ原判決ニハ所論ノ如キ理由不備ノ違法アルコトナク論旨ハ理由ナシ」（大判昭七・三・二四刑集一一・二九六）。

(三) 法令の誤解と事実の錯誤——刑事犯に関して——

(1) 構成要件に該当する客観的事実には、たとえば、殺人罪における人のように純粋な事実もあれば、窃盗罪における「他人の」財物のような法律的な事実もある。この後者、すなわち、法律的事実のばあいには、法令を誤解したために、その認識を欠くに至るばあいがある。たとえば、民法の誤解によって「他人の」ものではなく自己のものだと思ったばあいは、この「他人性」という法律的事実についての認識を欠いたばあいで、いわゆる事実の錯誤として故意を阻却する。もっとも、この点に関する錯誤が事実の錯誤であるということは、古くから明瞭であったわけではない。事実の錯誤か法律の錯誤かを、錯誤が事実に関するか法概念に関するかによって区別し、たとえば、前述の物の他人性についての錯誤を法律の錯誤と解し、さらに、法律の錯誤を非刑罰法規の錯誤と刑罰法規の錯誤とに分け、前者は事実の錯誤と同様、故意を阻却するが、後者は故意を阻却しないとする見解は、やや古いころの通説であった（この見解は、ドイツの旧大審院（Reichsgericht）の判例の採っていたところであり、わが判例も後に見るようにこの見解になお拘泥している感を与えるものもある）。しかし、この見解は、非刑罰法規の錯誤を事実の錯誤と同じく取り扱う理由をあきらかにしないばかりでなく、非刑罰法規の錯誤と刑罰法規の錯誤の区別が不可能ないし困難であって、結局両者の区別が恣意的にならざるをえないということがあきらかにされ、今日では、この見解は学説上一般に否定されている。そして、今日では、最初に述べたように、事実の錯誤とは構成要件に該当する事実――それが純粋の事実であると法律的事実であるとをとわず――についての錯誤であり、法律の錯誤とは行為の違法性（法律上ゆるされない点）についての錯誤であるとする見解が一般である。そして、こうした立場からは、法律的事実についての錯誤も事実の錯誤であること当然である。

ところで、大判昭九・九・二八（刑集一三・一二三〇）は、事案はいわゆる法律の錯誤のばあいであるが、その判決理由に一般的立言として「罪トナルヘキ事実ノ前提トナルヘキ事実ニ属スル法律関係ノ錯誤ハ諸般ノ事情ニ照シ其ノ錯誤ヲ来スヘキ相当ノ理由アリト認メラルル場合ニ於テハ畢竟罪ト為ルヘキ事実ノ錯誤ヲ来スコトナキニ非ス」と述べている。この判例が「罪トナルヘキ事実ノ前提トナルヘキ事実ニ属スル法律関係ノ錯誤」が事実の錯誤を惹起しうるものであることを指摘している点は正当であるが、「相当ノ理由アリト認メラルル場合」のみみとめられるとしているのは正当でない。なんとなれば、事実の錯誤はその錯誤につき相当の理由があろうがなかろうが(いいかえれば過失の有無をとわず)、故意を阻却するものであるからである。

(2)　封印破棄罪(刑法九六条)に関して、法律の誤解が、事実の認識を欠くに至らしめるばあいであるか、それとも、事実の認識には影響がなく、ただ違法性の意識を欠くに至らしめるばあいであるかが問題とされる判例についてみて行くこととしよう。

(イ)　事実の錯誤をみとめた判例として

【67】「法律ノ規定ヲ知ラス又ハ之カ適用ヲ誤リタル結果犯罪行為自体ノ構成要素タル事実ノ錯誤ヲ生シ即チ或ハ犯罪構成要素ノ存在セサルコトヲ誤信シ或ハ構成要素タル事実ヲ実行スルノ権利ヲ有スト誤認スル場合ノ存スルコトアリ此ノ如キ場合ニ於テハ其ノ錯誤ハ固ヨリ犯罪行為ノ一般違法性トハ何等ノ関係ナキモノニシテ却テ犯罪行為自体ノ構成要素ニ対スル認識ヲ欠クニ至ルヘキヲ以テ犯意ノ存在ヲ否定セサルヘカラス蓋シ刑法ハ或種ノ犯罪ニ付其ノ構成要素ヲ定ムルニ当リ其ノ内容ヲ民法又ハ公法ノ規定ニ委付シ民法又ハ公法ノ規定ニ於テ其ノ行為ヲ目シテ権利ノ実行ナリト為シ又ハ刑法正条ニ定ムル法律上ノ行為カ其ノ効力ヲ失フモノト為ス場合ニ於テハ刑法ニ於テモ亦犯罪行為ハ其ノ外観ノミヲ具備シテ其ノ実質ニ於テハ犯罪構成要素ヲ充ササルモノト為スヘク此ノ如キ場合ニ於テハ刑法第三十八条第三項ヲ適用スヘキモノニ非サレハナリ而シテ刑法第九十六条ノ罪ハ実ニ上述ノ場合ニ該当シ同条ノ規定ハ封印又ハ差押ノ標示カ効力ヲ失ハサル前ニ於テ権利ナクシテ之ヲ損壊シ又

ハ其ノ他ノ方法ヲ以テ封印又ハ標示ヲ無効タラシメタル行為ヲ其ノ構成要素ト為シタルノ趣旨ニシテ民事訴訟法其ノ他公法ノ規定ニ依リ差押ノ効力ナキニ至リタルモノト解スヘキ場合又ハ封印等ノ形式存スルモ之ヲ損壊スルノ権利アリト認メタル場合ニ於テハ本罪ノ構成要素ヲ欠クモノナリト解スルヲ至当トス従テ民事訴訟法其ノ他ノ公法ノ解釈ヲ誤リ被告人カ差押ノ効力ナキニ至リタル為差押存セスト錯誤シ又ハ封印等ヲ損壊スルノ権利アリト誤信シタル場合ニ於テハ本罪ノ犯意ヲ阻却スルモノナリト謂ハサルヘカラス本件ニ付原判決ノ説明スル所ニ依レハ被告人ハ原審公判ニ於テ本件差押事件ニ付仲裁ノ労ヲ採リタル者ヨリ同人カ債権者ヘ本件債務ヲ弁済シタルニ因リ差押物件ノ封印ヲ剝離シテ可ナリト云ハレタル故封印及標示ヲ剝離シタルコトヲ主張シタルヲ以テ原裁判所ハ須ラク右被告人ノ弁解ニ対シ被告人ハ仲裁人ノ弁済ニ因リテ差押ハ効力ナキニ至リ差押ナシト誤信シタルカ又ハ封印及標示ヲ剝離スルノ権利アリト誤信シタルヤ否ノ事実ヲ審究シ以テ其ノ錯誤ハ本件犯罪ノ構成要素ニ関聯スルカ為犯意ナキニ帰著スヘキヤ否ヲ確定セサルヘカラス然ルニ原判決ハ右必要ナル事実ノ確定ヲ為サスシテ単ニ被告人ハ法律ノ不知ヲ主張スルモノナリト為シ有罪ヲ言渡シタルハ犯意ニ関シ必要ナル事実ヲ確定セスシテ犯罪ヲ認定シタル不法アリテ本論旨ハ理由アリ」（大決大一五・二・二二刑集五・九七）。

【68】（事実）　某市徴収吏が滞納処分として差押えた甲の財産に対して、民事訴訟法にもとづく差押をしようとした被告人は、右の滞納処分は、同市徴収吏員が甲の一般債権者の強制執行を免れしめる目的で同人と通謀してなしたものと考えたため、該処分は違法なもので、本件差押の標示は無効であると信じ強制執行のためこれを破棄したものである。

（判旨）「刑罰法規が或る罪につき構成要件を定めるに当つてその内容を民法等の非刑罰法規に委付している場合に、行為者において右法規を誤解し、刑罰法規の禁止する行為を実行する権利あるものと信じてこれを犯したときは、すなわち罪となるべき事実に錯誤あるものとして犯意を阻却すると解すべきところ、………

被告人は、法律上前示封印は無効であると誤信した結果本件所為におよんだものであるから、刑法が保護の対象とした封印又は差押の標示を損壊する認識を欠いたものというべく、以上諸般の事情からみれば、被告人が右のように誤信したのはまことにやむを得ないものと認められ、これに対して刑罰の制裁を科するは酷に失するので被告人に対しては、犯意を阻却するものとして、その刑事責任を問い得ないものと解する」（札幌高函館支判昭三一・八・二一特報三・一六・八〇六）。

【69】「被告人の当公廷での供述と和解調書正本によると被告人主張の日にその主張の如き裁判上の和解が成立したこと並びに右和解に立会つた被告人の訴訟代理人であつた弁護士が被告人に対し仮処分の公示はもうとつてよいと云つたこと、そこ

で被告人は、右和解成立の結果差押がなくなつたものと誤解し、その標示である公示書は単に形式上存在するに過ぎなくなつたのであるから任意に撤去し得るものと信じて、その頃右公示書を剝離したことが認められる。仮処分命令により一旦差押がなされた以上その命令が取消されるか又は執行吏によつて差押が解除されない限りたとえ本案訴訟において裁判上の和解が成立しても直ちに差押の効力がなくなるものではなく、その差押標示は有効のものではあるが、民事訴訟手続の知識に乏しい普通の一般人である被告人は、右の如く既に裁判上の和解が成立し仮処分の必要もなくなつた以上差押の効力もなくなり、もはや差押は存在しなくなつたと誤信するに至つたもの、即ち構成要件たる事実の錯誤を生ずるに至つたものと認めるを相当とし、右錯誤に基く被告人の行為は差押の標示を損壊するという犯意を欠いたものといわなければならない」（神戸地判第一審昭三三・七・二二刑集一・七・一〇八〇）。

【70】 「被告人の甲外一人に対する昭和二十八年七月二十八日附大分地方裁判所竹田支部昭和二十八年（ヨ）第一〇号仮処分申請事件の大分県直入郡柏原村大字柏原字中岩戸五千三十七番所在の立木の処分禁止仮処分決定の執行として同年八月五日同裁判所執行吏乙職務代理丙が、右決定の趣旨を標札に掲げて公示した物件の範囲とさきに同執行吏が同裁判所昭和二十八年（ヨ）第五号仮処分事件の仮処分決定の執行として、同決定の趣旨を標示した物件の範囲とが相互に重複する部分があり且つ被告人等の搬出した伐採木はその重複する部分に該当することが認められる。

従つてさきの仮処分決定は前記大分県直入郡柏原村大字柏原字中岩戸五千三十九番所在の立木並に伐木をその執行の対象とし、後者の仮処分決定は同所第五千三十七番所在の伐木をその執行の対象とするものであつて相互にその執行の対象物を異にしているのにかかわらず、その実際の執行において相互に重複した部分のあることは執行上の矛盾というべきである。しかしながら前者の仮処分決定は立木の伐採並に伐木の搬出の各禁止及び伐木の占有解除をその内容とし、後者の仮処分決定は立木の処分禁止をその内容とするものであつて、その仮処分決定自体はその後者が前者の処分命令を廃止変更し、またはその執行を除去することを直接の目的とするものでないから相互に重複する同一物件に対する執行であつてもその各執行は共に有効であつて、その後者の執行がなされた故にその前者の執行がその重複する部分において失効する結果を招来することはないものというべきであり、その前者の執行として執行吏代理丙が丁に保管せしめた伐木をほしいままに搬出した行為は公務員の施した差押の標示を無効ならしめ、且つ公務所の命により他人の看守するものを窃取したものにほかならないけれどもこのように民事法上その後者の執行にもかかわらず、前者の執行が依然としてその効力を存することを知りながら敢えて右の搬出行為に出でたのでない場合、すなわち後者の執行によつて前者の執行が無効となつたものであるとの民事法規の誤解に基いてその行為に出た場合には、たとえその搬出した伐木が前者の執行の対象物であることを知つていても未だもつて前者の執行についての差押の標示を無効ならしめ、且つその差押物件を窃取するについて、その犯意を欠くものと解すべきところ、前段認定のように被告人は右伐採木が前者の執行の対象物であることを知つていた事実はこれを認めるに足りるけれども後者の執行にもかかわらず、前者の執行が依然としてその効力を存することを知つて敢えてその差押の標示を無効ならしめ、且つ差押物件を窃取する行為に出たことを認めるに足りる証拠がないので、結局本件公訴は被告人の犯意の点についての犯罪の証明が充分でないから刑事訴訟法第三百三十六条によつて無罪の言渡をなすべきものとして主文のように判決する」（大分地竹田支判昭三一・一一・一〇判時七三・二七）。

【67】が、法律を誤解した結果、事実の錯誤を生じ、構成要件要素についての認識を欠くに至るばあいのあることを指摘し、民事訴訟法その他の公法の解釈を誤り、差押が失効して不存在となつたものと錯誤したばあいを事実の錯誤として故意の成立を否定しているのは正当である（同旨、団藤・綱要（総論）二三〇頁、木村・総論二一八頁、吉田・法学新報六三巻七号五七八頁）。しかし、右の判例が、法律を誤解した結果、該行為をする権利があると誤信したばあい、たとえば法律の解釈を誤り封印等の形式は存するが、これを損壊する権利があると誤信したばあいも、事実の錯誤と解し、故意が阻却されるとしているのは、不当であろう（同旨、団藤・同上、吉田・前掲五八三頁）。このばあいは、事実の認識に影響はなく、ただ違法性の意識を欠くに至るにすぎない、いわゆる法律の錯誤のばあいである。そこで、【68】が、「法規を誤解し刑罰法規の禁止する行為を実行する権利あるものと信じ」たときは、事実の錯誤であつて故意を阻却するとしているのは正当でないことは上述のところからあきらかであろうが、さらに、同判例が被告人の錯誤を事実の錯誤と解しながら「諸般の事情からみれば、被告人が右のように誤信したのはまことにやむを得ないものと認められ」るから故意を阻却するものであるという趣旨を述べているものであるとすれば、これまた正当でない。というのは、

事実の錯誤は、その錯誤がやむをえないものとみとめられると否とにかかわらず、故意を阻却するものであることは争いのないところであるからである。なお、この判例は、次にあげる最高裁判所の判決【73】で破棄されている。【69】【70】は、いずれも第一審判決であるが、法律の誤解が事実の錯誤を惹起したものとして故意の成立を否定したもので、【67】の正当な部分の見解に沿っており、事案の解決としても妥当であろう。

(ロ)　事実の錯誤を否定した判例として

【71】(事実)　未完成の建物収去土地明渡の仮処分事件において被申請人の占有を解いて執行吏の保管に移す旨の決定に基いて執行吏が右建物内の土間にその旨の公示札を立てて建物を保管中、被告人は弁護人の意見をきいて、建物の建築工事を続行することは仮処分の禁止に反しないと誤信して、請負人をして建物に立入り工事を続行させて住宅として竣工させたものである。

(判旨)　「本件における刑法九六条の故意は、仮処分の執行の効用を失わしめる事の認識をいうのである。……公示札の表示している仮処分命令の内容に関する被告人の誤信の有無は、本件犯罪の成立には何ら影響を及ぼす事柄ではなく、……その有効な仮処分の執行の効用を失わしめる本件所為が本件犯罪を構成するものであることは当然といわなければならない」(最判昭二八・八・二七判タ三四・五五七)。

【72】「原判決の確定するところによれば被告人は、右公示札の趣旨を知悉し、本件杉立木十一本が現実に執行吏の占有中であることを知りながら、これを伐採搬出したというのであるから右の事実にもとずき原判決が、被告人において、本件差押標示を無効ならしめる意思及び窃盗の意思を有した旨判示したのは正当である。

ただ、被告人は右杉立木十一本は警察より仮還付せられたものと誤信し、仮還付のあつた以上これを伐採してもよいとの意思表示が警察からなされたものと思い、これを伐採したものであることは、また、原判決の確定するところであるけれども、既に前段判示の事実が確定せられる以上、右の事情はただ違法性の認識がなかつたとなるに過ぎないものとした原判示もまた正当であつて、所論のような違法あるものとすることはできない（所論引用の大審院判例は差押の効力について錯誤し、差押のないものと誤認した場合に関するものであつて本件に適切でない）」（最判昭三二・八・二〇刑集一一・八・二〇九〇）。

【73】「刑法九六条の公務員の施した差押の標示を損壊する故意ありとするには、差押の標示が公務員の施したものであること並びにこれを損壊することの認識あるを以て足りるものであるから、原判決が認定したように、函館市税吏員によつて法律上有効になされた本件滞納処分による差押の標示を仮りに被告人が法律上無効であると誤信してこれを損壊したとしても、それはいわゆる法律の錯誤であつて、原判決の説示するように差押の標示を損壊する認識を欠いたものということのできないこと多言を要しない」（最判昭三二・一〇・三刑集一一・一〇・二四一三）。

右の判例がいずれも、被告人の錯誤は刑法九六条の故意に必要な事実の認識を欠くに至らしめたものでないとしているのは妥当であろう（なお、【71】について、筆者は、かつて被告人の錯誤は事実の認識を欠くに至らしめたものではないかという疑問を提示したが（福田・神戸法学雑誌五巻一・二号一九九頁）、これを改める）。

(3)　公正証書等不実記載罪（刑法一五七条一項）に関する判例として

【74】法華経寺寺院規則が連合国最高司令官の覚書によつて失効したものと誤信し、該規則所定の手続によらない決議をし、それにもとづいて寺院登記簿に法華寺の所属宗派及び教義の大要を変更登記させたという事実につき「刑法一五七条一項の罪は、故意犯であるから同項の罪の成立するがためには、行為者において公務員に対し申立てて権利義務に関する公正証書の原本に記載させた事項が虚偽不実であることを認識していたことを要件とすることは言うまでもないことである。……そこで、被告人の解するように宗教団体法が昭和二〇年一〇月四日附連合国最高司令部の日本政府に対する覚書『政治的、社会的及び宗教的自由に対する制限除去の件』によつて直ちに失効したか否かは格別として、本件は昭和二〇年一二月二八日勅令七一九号宗教法人令施行後の事件である。然るに右勅令は前記連合国最高司令部の覚書に則り制定公布されたものであるが同勅令に依れば同勅令施行の際現に効力を有する寺院規則は同勅令に依る規則と看做されるわけで（附則二項）あるから、本件法華経寺々院規則も亦有効に存続するものと解すべきである。従つて、被告人のした甲外四名の檀信徒総代の選任行為は右規則五六条に牴触し、無効であるからこれら新総代によつて決議制定された新寺院規則も亦無効のものであつて本件の変更登記事項は客観的には虚偽不実であるというべきである。然るに、原審の認定した事実によれば、被告人は右寺院規則の適用を誤り

同規則が効力を失つたものと解釈し、右規定の手続によらないで甲外四名の新総代を選任し、原判示のように『これら新総代によつて従来の寺院規則の廃止、新寺院規則の制定を決議させ、これにもとずいて同月二〇日（昭和二一年三月二〇日）松戸区裁判所市川出張所備付の寺院登記簿中、法華経寺の所属宗派並びに教義の大要を夫々公訴事実中に指摘するごとく変更登記させた』というのであるから、本件の変更登記事項がたとえ虚偽不実であつても、被告人はその認識を欠いたことにおいて刑法一五七条一項の罪の構成要素たる事実の錯誤を生じたものと原審は判断しているのである。されば、かかる事実に立脚する以上、被告人が右錯誤したことについて相当の理由の有無を問わず犯意を阻却するものというべきであるから原審の法令解釈には所論のような違法はない」（最判昭二六・七・一〇刑集五・八・一四一一〔研究〕小野・刑評一三巻二〇一頁以下）。

右の判例は、公正証書等不実記載罪の構成要件における「不実の記載」という規範的要素に関して、判決理由に述べられているような寺院規則の失効についての誤解から、変更登記事項の虚偽性について認識を欠いたばあいは、事実の錯誤として、その錯誤について相当の理由の有無をとわず故意の阻却をみとめたかぎりにおいて妥当であろう（もつとも被告人が未必的にも「不実の記載」について認識していたかどうかについて原審に審理不尽があつたかどうかは別論である）。

(4) 窃盗罪・毀棄罪に関する判例として

【75】 被告人は、警察規則を誤解した結果鑑札をつけていない犬は他人の飼犬であつても直ちに無主の犬とみなされるものと信じ、他人所有の鑑札をつけていない犬（革製の首輪をつけたポインター種）を撲殺してその皮をはいだという事案につき「明治三四年五月一四日大分県令第二七号飼犬取締規則第一条には飼犬証票なく且つ飼主分明ならざる犬は無主犬と看做す旨の規定があるが同条は同令第七条の警察官吏又は町村長は獣疫其の他危害予防の為必要の時期に於て無主犬の撲殺を行う旨の規定との関係上設けられたに過ぎないものであつて同規則においても私人が擅に前記無主犬と看做される犬を撲殺することを容認していたものではないが被告人の前記供述によれば同人は右警察規則等を誤解した結果鑑札をつけていない犬はたとい他人の飼犬であつても直ちに無主犬と看做されるものと誤信していたというのであるから、本件は被告人において右錯誤の結果判示の犬が他人所有に属する事実について認識を欠いていたものと認むべき場合であつたかも知れない。されば原判決が被告人の判示の犬が他人の飼犬であることは判つていた旨の供述をもつて直ちに被告人は判示の犬が他人の所有に属することを

認識しており本件について犯意があつたものと断定したことは結局刑法三八条一項の解釈適用を誤つた結果犯意を認定するについて審理不尽の違法があるものとはいわざるを得ない」（最判昭二六・八・一七刑集五・九・一七八九〔研究〕下村・刑評一三巻二九一頁）。

【76】（事実）　被告人は、甲方居宅前庭等でいわゆる藪倒しをしたが、その際甲が観賞用等として植栽中の杉ノ木四本、キキョウ一本、小竹数本および菊一株等を同人の承諾を得ず無断で切り取りまたは抜き取つたものである。その際、被告人は、前記草木は被告人の所有物であり、またかりに被告人の所有に属せず右甲の所有物であるとしても、甲はその居住家屋の不法占拠者であつてその敷地である本件土地を利用し得る正当な権原がないのであるから、その植栽中の前記草木はすべて土地の所有者である被告人の所有に帰属するものとかたく信じていたものである。

（判旨）「原審記録および当審における事実取調の結果によれば、被告人は、前記草木が右甲の所有に属することを知りながら、他人の物を損壊する犯意をもつて、これを切り取りまたは抜き取つたものではなく却つて、被告人においては、本件地上に存するすべての草木は被告人の所有であり、かりに右甲方において植栽したものがあるとしても、同人はその居住家屋の不法占拠者であつてその敷地の正当な利用権原を有しないものであるから、その植栽した草木は土地の所有者である被告人の所有に帰属するものとかたく思い込んでいた事実が認められる。従つて右甲がその居住する本件地上の家屋に賃借権を有し、従つてその敷地たる本件土地を利用する正当な権原を有するか否かを判断するまでもなく被告人には前記藪倒しの当時においても他人の物を損壊する意思はなかつたものと認めるのが相当である」（東京高判昭三四・一〇・一東高裁判決時報一〇・一〇・三九二）。

【75】は、窃盗罪・毀棄罪における「他人の」物という規範的構成要件要素に関して、法令を誤解した結果、「他人性」についての認識を欠くに至るばあいのあることを指摘し、こうしたばあい事実の錯誤として故意を阻却するものであることを肯定した点において妥当であろう。ただ、本件のばあい、該警察規則の誤解が犬の「他人性」についての認識まで欠くに至らしめたものであるかどうかは疑問である。

（四）　法律の錯誤か事実の錯誤か（一）——行政犯に関して——

(1)　行政犯においては、前に一言したように、事実と法律とが密接に結びついていることが多いので、いかなる程度の事実の認識が故意の成立に必要であるかについては、とくに問題がある。いいかえると、法令に関する不知・誤解が果して事実の認識を欠くに至らしめる事実の錯誤であるか、それとも単に法律の錯誤であるかが問題とされるばあいが多い。以下、この点について考察することとしよう。

(2)　まず、事実の錯誤か法律の錯誤かに関して、有名な判例である「むじな・たぬき」事件と「むささび・もま」事件について考察することとしよう。両者は、いずれも狩猟法違反事件で、その事案はほぼ同じであるにもかかわらず、相矛盾したような解決が与えられているので、とくに論議の対象となつたものである。

【77】（事実）　被告人は狩猟禁止期間中に捕獲を禁ぜられている狸二頭を捕獲したものであるが、被告人は、その捕獲した獣が十文字の斑点があり被告人の地方で通俗に十文字狢と呼ばれている獣で、狸と狢とは全然別個のものであると誤信し狢は狩猟禁止の狸でないと思つていたものである。

（判旨）　「被告人ノ狩猟法ニ於テ捕獲ヲ禁スル狸中ニ俚俗ニ所謂狢ヲモ包含スルコトヲ意識セス従テ十文字狢ハ禁止獣タル狸ト別物ナリトノ信念ノ下ニ之ヲ捕獲シタルモノナレハ狩猟法ノ禁止セル狸ヲ捕獲スルノ認識ヲ欠如シタルヤ明カナリ蓋シ学問上ノ見地ヨリスルトキハ狢ハ狸ト同一物ナリトスルモ斯ノ如キハ動物学上ノ知識ヲ有スル者ニシテ甫メテ之ヲ知ルコトヲ得ヘク却テ狸、狢ノ名称ハ古来並存シ我国ノ習俗亦此ノ二者ヲ区別シ毫モ怪マサル所ナルヲ以テ狩猟法中ニ於テ狸ナル名称中ニハ狢ヲモ包含スルコトヲ明ニシ国民ヲシテ適帰スル所ヲ知ラシムルノ注意ヲ取ルヲ当然トスヘク単ニ狸ナル名称ヲ掲ケテ其ノ内ニ当然狢ヲ包含セシメ我国古来ノ習俗上ノ観念ニ従ヒ狢ヲ以テ狸ト別物ナリト思惟シ之ヲ捕獲シタル者ニ対シ刑罰ノ制裁ヲ以テ之ヲ臨ムカ如キハ決シテ其ノ当ヲ得タルモノト謂フヲ得ス故ニ本件ノ場合ニ於テハ法律ニ捕獲ヲ禁スル狸ナル認識ヲ欠缺シタル被告ニ対シテハ犯意ヲ阻却スルモノトシテ其ノ行為ヲ不問ニ付スルハ固ヨリ当然ナリト謂ハサルヘカラス」（大判大一四・六・一九刑集四・三七八〔研究〕牧野・研究三巻一二六頁以下、草野・刑事判例研究五巻二三三頁以下、日沖・判例演習（刑法総論）一二一頁以下、福田・判例百選（ジュリスト二〇〇号）五〇頁以下）。

【78】（事実）　被告人は狩猟禁止期間中に捕獲を禁ぜられた獣である鼯鼠を三匹捕獲したものであるが、その鼯鼠は被告人の地方では「もま」の俗称で呼ばれており、被告人は、その捕獲した獣は「もま」でその「もま」が狩猟禁止獣である鼯鼠であることを知らなかつたものである。

（判旨）「刑法第三十八条第一項ニ所謂罪ヲ犯ス意ナキ行為トハ罪ト為ルヘキ事実ヲ認識セサル行為ノ謂ニシテ罪ト為ルヘキ事実ハ即チ犯罪ノ構成ニ必要ナル事実ナルヲ以テ捕獲ヲ禁セラレタル鼯鼠ヲ斯ル禁制ナキ他ノ動物ナリト観念スルハ明ニ犯罪構成事実ニ関スル錯誤ニシテ此ノ観念ニ基ク鼯鼠ノ捕獲ハ犯意ナキ行為ナルコト勿論ナレトモ所論判示弁疏ノ如ク鼯鼠ト『もま』トハ同一ノ物ナルニ拘ラス単ニ其ノ同一ナルコトヲ知ラス『もま』ハ之ヲ捕獲スルモ罪ト為ラスト信シテ捕獲シタルニ過キサル場合ニ於テハ法律ヲ以テ捕獲ヲ禁シタル鼯鼠即チ『もま』ヲ『もま』ト知リテ捕獲シタルモノニシテ犯罪構成ニ必要ナル事実ノ認識ニ何等ノ欠缺アルコトナク唯其ノ行為ノ違法ナルコトヲ知ラサルニ止ルモノナルカ故ニ右弁疏ハ畢竟同条第三項ニ所謂法律ノ不知ヲ主張スルモノナルニ外ナラサレハ原判決ニ於テ被告人カ『もま』ト鼯鼠トカ同一ナルコトヲ知ラサリシハ結局法律ヲ知ラサルコトニ帰スルヲ以テ罪ヲ犯スノ意ナシト為スヲ得サル旨判示シタルハ正当ニシテ論旨ハ理由ナシ」（大判大一三・四・二五刑集三・三六四）

【77】は、いわゆる「むじな・たぬき」事件であり、【78】は、いわゆる「むささび・もま」事件であるが、この両者を狩猟法違反の犯罪事実の認識の点について比較してみると、前者は事実の認識について狩猟法上捕獲を禁止された獣（たぬき）であることの認識を要求し、狢と狸が同一物であることを知らなかつた被告人の錯誤を事実の錯誤と解し、故意の阻却をみとめているのに対して、後者は、「もま」の認識があれば事実の認識に欠くるところなく、鼯鼠と「もま」とが同一物であることを知らず「もま」は捕獲を許されたものと誤信したのは、いわゆる法律の錯誤にすぎないとしている。すなわ

ち、両判決は、狩猟法違反の故意に必要な「事実の認識」について、ことなった見解を表明しており、この点において相矛盾するものといえよう（日沖教授は、この点について、両者は矛盾しないとされておられる（日沖・前掲一二四頁））。【77】の見解に賛成する学説もないわけではないが（草野・刑事判例研究五巻二二三頁以下、吉田・法学新報六三巻七号五八〇頁、日沖・前掲一二三頁、中・輓近錯誤理論一八五頁、もっとも草野教授等は後者も事実の錯誤と解されておられるが、日沖教授は、後者は法律の錯誤と解されておられる点でことなる点に注意すべきである）、通説は、両者を法律の錯誤のばあいと解している点からいって、【78】の見解に立つものといえよう（牧野・研究三巻一二六頁以下、木村・総論二二〇頁、三二〇頁、団藤・綱要（総論）二三七頁等）。故意の成立に必要な「事実の認識」に、その意味内容の認識を必要とするものであることはすでに繰り返し述べたところであるが、それは、法律の規定の認識や事実の法規に用いられている概念へのあてはめまで要求するものではないから、【78】の見解が妥当であると考える。すなわち、狸すなわち狢を狢と知っていた以上、鼯鼠すなわち「もま」を「もま」と知っていた以上、事実の認識に欠くるところがないといわなければならない。被告人が、狢を狩猟法上の狸と別物と誤信したこと、「もま」を狩猟法上の鼯鼠と別物と誤信したことは、いわゆる「あてはめ」の錯誤であって、故意の成立には影響がない。ただ、被告人が、この「あてはめ」の錯誤の結果、該行為が許されると信じたので、ここで、いわゆる「法律の錯誤」が問題となる（筆者は、両者の判例を法律の錯誤のばあいと解しているがその具体的事案の解決としては両者は矛盾せず、結論は両者とも妥当であると考える。この点については後述一一四頁以下参照）。

(3)　狩猟法の銃猟禁止区域において銃猟をした罪について

【79】「狩猟法第二十二条第三号ノ罪ハ銃猟禁止区域ニ於テ銃猟ヲ為スコトニ因リ直ニ成立シ銃猟ヲ為シタル場所カ銃猟禁止区域ニ該当スルコトノ認識アリタルヤ否ハ本罪ノ成立ニ影響ヲ有セス惟フニ銃猟ハ最モ多クノ場合ニ於テ危険ヲ伴フ行為ニシテ亦公益ニ関スル行為ナレハ……銃猟者ハ其ノ行為ノ性質上先ツ其ノ銃猟ノ場所カ銃猟禁止区域ニ該当セサルコトヲ確認シ

然ル後銃猟ヲ為ササルヘカラス否ラスシテ銃猟禁止区域ナリヤ否ヲ確認スルノ責務ヲ懈リ不注意ニ銃猟ヲ為シタル者ハ銃猟禁止区域ナルコトヲ認識シ故意ニ銃猟ヲ為シタル者ト同シク狩猟法第二十二条第三号ニ該当シ同条ノ処罰ヲ免レス若シ所論ノ如ク同条第三号ノ罪カ成立スルニ銃猟禁止区域ノ認識ヲ必要トスルニ於テハ同条項ノ規定ハ無意義ニ帰シ到底狩猟法第十条ノ精神ヲ没却スルヲ免レス」（大判大一一・一二・二八刑集一・七〇九）。

【80】「被告人において本件銃猟の場所が銃猟禁止区域に属することを知らなかつたことは、狩猟法第二一条第一項第二号に定める『銃猟禁止区域において銃猟した』罪を構成する事実の認識を欠いたものというべきで、刑法第三八条第三項にいわゆる法の不知の場合にはあたらないと解されるから、本件は故意を阻却するものといわなければならない」（東京高判昭三五・五・二四判時二三三）。

【79】は、狩猟法二一条三号（現行狩猟法二一条一項二号）は、故意犯ばかりでなく過失犯も処罰する趣旨のものである旨を示したものであるが（この点は別問題であるからここではふれない。なお、福田・行政刑法（法律学全集）一〇八頁以下参照）、その前提として、銃猟禁止区域において銃猟した罪について、銃猟禁止区域であることの認識が同罪の故意の成立（事実の認識）に必要であるとする見解を肯定しているものと解することができ、【80】は、正にそうした見解から銃猟禁止区域であることの認識を欠いたばあいは、事実の認識を欠いたものとして故意を阻却するとしている。ところで、銃猟禁止区域において銃猟をした罪の「事実の認識」につき「銃猟禁止区域」であることとの認識を必要とする見解には疑問がある。本罪の故意に必要な「事実の認識」としては、該区域が銃猟をすれば、他人の生命・身体その他に危険を及ぼすおそれのあるような銃猟に適さない区域であるという認識があれば十分で、該区域が法令に規定された銃猟禁止区域であるかどうかは、いわゆる「あてはめ」の問題で、この点についての錯誤は、いわゆる「あてはめ」の錯誤で、事実の認識を欠くに至らしめるものでないのではなかろうか。

なお、許可なしに要塞地帯で撮影する罪(要塞地帯法七条)について、要塞地帯であることの認識があつたばあいにのみ故意犯が成立するとする見解を示す判例(大決昭一二・三・三一刑集一六・四四七)、禁漁区域たる河川の流域で漁獲をする罪(広島県令五〇号一六条)について、禁漁区域であることの認識があつたばあいにのみ故意犯が成立するとする見解を示す判例(大判大三・一二・二四刑録二〇・二六一五)についても、同様のことがいいうるであろう。

(4)　家畜市場法七条は「家畜ノ売買交換又ハ其ノ周旋ヲ業トスル者若ハ屠肉販売ノ目的ヲ以テ家畜ノ買入ヲ為ス者ハ家畜市場附近ノ区域内ニ於テハ市場開催日及其ノ開催日前後ノ期間中其ノ市場ノ取扱フ家畜ヲ売買交換スルコトヲ得ス但シ命令ノ定ムル所ニ依リテ行政官庁ノ許可ヲ受ケルトキハ此ノ限ニ在ラス(一項)前項ノ区域及期間ハ地方長官之ヲ指定ス(二項)」と規定していた。牛馬売買商である被告人は、地方長官の指定した家畜市場附近の区域内でその指定期間内に家畜の売買をしたものであるが、地方長官の右の指定を知らなかつたという事案について、

【81】「家畜市場法第七条第二項ニ依リ同条第一項ノ区域及期間ハ地方長官之ヲ指定スヘキモノニシテ其ノ指定又ハ変更ハ同法第十条ニ依リ地方長官之ヲ告示スヘキモノナルカ故ニ其ノ告示シタル区域及期間ハ同法第七条第一項ノ内容ヲ為シ該区域及期間ニ於テ家畜ノ売買交換ヲ禁止スルモノナレハ其ノ禁止ニ反スル行為ヲ為シタル者ハ右告示ノ内容ヲ知ラサルノ故ヲ以テ罪ヲ犯スノ意ナシト為スヲ得ス而シテ論旨ニ主張スル所ハ畢竟所論和歌山県告示ノ内容ヲ知ラスト謂フニ外ナラスシテ単純ナル事実ノ不知ニ非サルヲ以テ本件犯罪ヲ為スノ意ナシト云フハ当ラス論旨理由ナシ」(大判大一四・一一・二七刑集四・六八〇〔研究〕牧野・研究四巻二五一頁以下、なお、同趣旨の判例として大判大五・五・六刑録二二・六九六)。

右の事案について、上告論旨は、被告人が告示による指定を知らなかつた事実をあげて、被告人はその禁止区域ならびに禁止日時の認識なしに禁止行為をしたものであるから、事実の認識を欠いたも

のであると主張している。しかし、本罪の故意に必要な「事実の認識」には告示によつて禁止された区域・日時であることを知る必要はなく、家畜を売買した区域が家畜市場区域であり、その日時は市場開催日前後にあたることを知つていれば十分であろう。本件の事案によれば、被告人は、こうした認識はあつたとみとめられるから、本罪の事実の認識はあつたわけで、告示の不知は、そのために、被告人の違法性の意識に影響を及ぼすことはあつても（これはいわゆる法律の錯誤の問題である）、事実の認識を欠くに至らしめるものではないから、右の判例は、この点に関しては妥当であろう（牧野博士も本件を法律の錯誤と解しておられる（牧野・研究四巻二五二頁）。反対、吉田・法学新報六三巻七号五八一頁）。

(5)　次の判例は、いずれも、事実の法規に用いられた概念へのあてはめについての錯誤は、事実の認識を欠くに至らしめる事実の錯誤ではないことを示したものとしては妥当であろう。

【82】「被告人が本件分村問題を一つの文化問題であると観念して本件所為を文化活動なりとし、政治活動にあたらないと信じていたとすれば、それは刑法第三十八条第三項に所謂法の不知に該当し、しかもその不知は被告人の過失に基くものと断ぜざるを得ない。蓋し本件分村問題について被告人のした原判示のような行為が大国村政に関する政治上の活動に該当することは、特別の智識経験を要しないで、通常人の常識観念によつて容易に判断し得るところであるのみならず、被告人は原判決の認定するが如く、昭和十八年十一月初頃から昭和二十一年十二月初頃までのあいだ大国村の前村長の地位にあつたもので、寺ケ内部落の大国村よりの分離が大国村政に多かれ少かれ影響を及ぼすものであることは充分知つていたと認むべきであるからである。されば所論の如く本件について被告人に犯意がなかつたとなすことを得ないから、この点に関する論旨もまたその理由がない」（広島高松江支判昭二五・五・八特七・一五）。

【83】「被告人の所持していた日本刀及び銃剣（証第二、三号）はそれ自体多少の錆はあるが、その本来の目的に使用できないものとは認められない而して被告人がこれを所謂刀剣類でないと思つていたことはその事実自体に対する錯誤ではなく、

法の不知であるから犯意がないものとはいえないのである」（名古屋高判昭二六・三・一六刑集四・四・三三二）。

(6)　物品税法一八条の無申告製造罪に関する次の判例は、事実の錯誤か法律の錯誤かの判断が困難な事例に関するもので、両者の限界について反省を与えるものとして注目すべきものである。

【84】（事実）　被告会社は、木工類の製造販売等を営んでいるものであるが、その代表取締役甲は、被告会社の業務に関し、政府に申告しないで昭和二五年三月一五日頃から昭和二七年五月二八日頃までの間に、物品税の課税物品である遊戯具、すなわち、ブランコ六七台、歩行器二八五七台、押車七六五台、トラック八五四台を製造したものであるが、被告人は、その製造物品が物品税の課税物品であることを知らなかつたので、その製造について政府に申告しなければならないことを知らなかつた。

（判旨）　「本件製造物品が物品税の課税物品であること従つてその製造につき政府に製造申告をしなければならぬかどうかは物品税法上の問題であり、そして行為者において、単に、その課税物品であり製造申告を要することを知らなかつたとの一事は、物品税法に関する法令の不知に過ぎないものであつて、犯罪事実自体に関する認識の欠如、すなわち事実の錯誤となるものではない旨の原判決の判断は正当である」（最判昭三四・二・二七刑集一三・二・二五〇〔研究〕足立・法曹時報一一巻五号八五頁以下、伊達・法律のひろば一二巻八号五一頁以下、田中久智・九大法学六号三八頁以下）。

物品税法一八条の無申告製造罪の故意にどの程度の認識を必要とするものであろうか。第一審判決（大阪地判昭二九・三・一）は、この点につき「本件物品が課税物品であることについての認識は、恰も窃盗罪において窃取の目的たる財物が他人の所有に属することを認識することと同様、犯罪事実そのものの認識であり、これを欠く以上、故意なきもの」であるとした。これに対して、第二審判決（大阪高判昭三〇・四・三〇）は、「本件物品製造につきその認識のあつた以上無申告製造事犯についての犯意あるものと認むべきであつてこれを認めなかつた原判決は畢竟刑法第三八条の解釈を誤つたものというべきである」とした。最高裁判所の判決である右の判例は、この第二審判決をほとんどそのまままとめて被告人の上告を棄却したものである。

ところで、【84】がその前提とする「無申告製造罪の故意には本件物品を製造する認識があれば足りる」とする見解は、果して妥当であろうか。物品税法一八条一項一号は「政府ニ申告セズシテ……第二種若ハ第三種ノ物品ヲ製造シタル者」と規定している（なお、本件物品である玩具、遊戯具は、同法一条で第二種の物品に指定されている）。従つて、本罪の構成要件は「政府に申告しないで玩具、遊戯具を製造する」ことであろう。だとすると、本罪の故意は、「政府に申告しないで玩具、遊戯具を製造する」認識を必要とすると解さなければならないであろう。この点、判例が、玩具、遊戯具を製造することの認識があれば本罪の故意として十分であるとしているのは、「政府に申告しないで」を構成要件要素ではなくして違法要素と解する見解を前提としているように思われるが、玩具、遊戯具を製造すれば、物品税法一八条一項の構成要件に該当し、ただ申告したことにより違法性が阻却されると解することは妥当でなかろう。しかし、また第一審判決がみとめるように、本罪の故意の成立に、製造物品が物品税法にいわゆる課税物件であることの認識を必要としないこともちろんである（この点、最高裁の判旨は正当である）。申告しないで玩具、遊戯具を製造する認識があれば本罪の「事実の認識」には欠くるところがないのであつて、玩具、遊戯具が課税物件であるかどうかは、いわゆる「あてはめ」の問題で、この点についての錯誤は、いわゆる「あてはめ」の錯誤であつて、「事実の認識」を欠くに至らしめるものではない。すなわち、本罪の故意には、政府に申告しないで玩具、遊戯具を製造する認識を必要とするが、このばあい、政府に申告しない意識と申告義務が課せられていることの認識とは、密接に関連はしているが区別しなければならない。後者は、いわゆる不作為犯における作為義務の認識の問題で、この点についての錯誤が法律の錯誤か事実の錯誤かについては、今日ドイツにおいても議論の分かれているところであるが（この点については、田中氏の前掲論文にかなり詳しく取り扱われている）、わたくしは、ここでは、一応、法律の錯誤（違法性の錯誤）と解しておくこととする（Vgl. Welzel, Das deutsche Strafrecht, 7. Aufl., 180 ff.）。構成要件上の不作為の認識と作為義務の認識、すなわち、申告しないという点の認識と申告義務の認識とは区別され、前者の欠如は故意（事実の認識としての）を阻却するが、後者の欠如はいわゆる法律の錯誤の問題である。もっとも、構成要件上の不作為の認識が作為義務についての認識と密接に関連しているものであることは否定できない。作為義務（「申告義務」）を認識していたばあい、構成要件上の不作為（「申告しないこと」）についての認識がある。しかし、作為義務があるのではないかと考えたが、そのような義務はないと判断したばあい（申告しなければならないのではないかと考えたが、なんらかの理由から申告しなくてもよいだろうと考えたばあい）、作為義務（「申告義務」）についての認識は欠いているが、構成要件上の不作為（「申告しないこと」）については認識がある。このばあい、政府に申告しないで玩具、遊戯具を製造することを認識していたのであり、ただ、それが法上許されていると考えたものであるから、このばあいはいわゆる法律の錯誤が問題となる。これに反して、構成要件上の不作為（「申告しないこと」）についての認識を欠いたばあいは、いわゆる事実の錯誤であつて、無申告製造罪の故意（事実の認識としての）を阻却する。本件の具体的事案が、このいずれのばあいにあたるものであるかは、判例集にあらわれたところからだけでは明瞭ではない。

なお、脱税犯における脱税の認識についての次の判例が正当であること当然であろう。

【85】「脱税犯成立の主観的要件たる脱税の認識については単に正当所得額に対する正当課税額に比し寡少税額の賦課を受

ける認識あるをもつて十分であり、必ずしも正確な所得額や脱税額の認識を要するものではないと解するのが相当であつて」（大阪高判昭二四・一二・一四特六・一三七）。

(7) 道路交通取締法違反に関して

【86】「追越禁止区域であることの認識のないことはいわゆる法律の不知であつて犯意を阻却するものではなく被告人に他の自動車を追い越すという認識がある以上故意犯として本件犯罪が成立するかどうかの点について考察してみるに、犯意ありということ、すなわち、罪となるべき事実を認識するということは、道路交通取締令第二十一条第一項第五十七条第二号の罪において、その認識は積極的なものであつても未必的な消極的なもののいずれであつても差し支えないこと勿論であるけれども、単に他の自動車を追い越すという認識だけでは足らず、公安委員会の定める場所、すなわち、追越禁止区域内で他の自動車を追い越すという認識を意味するものと解するのが相当である（昭和二十五年二月二十一日最高裁判所第二小法廷昭和二十四年（れ）第二五九四号森林法違反被告事件判決参照）。そして右公安委員会が何日如何なる法令で右追越禁止区域を指定したかを知る必要はなく（本件追越禁止区域の指定は、昭和二十八年四月二日付東京都公安委員会告示第二号によりなされている。）この指定法令の不知こそまさにいわゆる法令の不知といわれるものに該当すると解しなければならない」（東京高判昭三〇・四・一八刑集八・三・三二五）。

【87】「当時の被告人の身状、動作、時刻の点、附近の模様等諸般の事情から推考するときは被告人が右連絡所横に横断禁止の標識のあるのを知りながらも強いてこれを無視してまで横断行為を敢行せんとする意図を有したものでなく寧ろ右標識の存在を認識しなかつた即ち横断禁止の事実を知らなかつたがためにその挙に出たものと認めるのを相当とするから被告人のこの点の弁解は措信すべく同人には本件犯罪構成要件たる禁止事実の認識を欠き故意なきものと断ぜざるを得ない」（大阪高判昭二八・四・二八特二八・二二）。

【88】「道路交通取締法第七条第一項、第二項第三号の無謀操縦となる酩酊運転は、故意犯であり、従つて正常な運転ができない虞がある程度に酒に酔つていることの認識があることを要するというべきであるが、正常な運転ができない虞があるとのことは酩酊の度合をいうものであるから、その認識は犯人が正常な運転ができない虞があると判断すると否とに拘らず、一

般に正常な運転ができない虞があると認められる程度に酒に酔つているその酩酊の度合の認識があることを以て足るというべきであり、本件において被告人は判示のとおり相当量飲酒して乗車時已に正常な運転ができない虞がある程度に酔つており、前記被告人が乗車に際し今日は酔つていると思つたが二十分で帰れるから大したことはないと思つて運転したとのことは、被告人が当時その酩酊の度合を十分に認識していたことを示すのみならず、寧ろ正常な運転ができない虞のあることを意識したことが窺われ、その犯意に欠くるところはなく」(東京地判昭三四・一二・二五判時二一四・三二)。

【86】が、追越禁止区域内において他の自動車を追い越す罪の故意につき、「単に他の自動車を追い越すという認識」だけでは足らないとしているのは正当であるが、「公安委員会の定める場所、すなわち、追越禁止区域内で他の自動車を追い越すという認識を意味するものと解するのが相当である」としている点については、若干の疑問をもつものである。本罪の「事実の認識」としては、他の自動車を追い越した場所の状態(たとえば、坂道であるとか、カーブであるとかいつた)についての認識があれば十分で、それが法令にいわゆる公安委員会の定める場所、すなわち、追越禁止区域内であることまでの認識は必要でないのではなかろうかと考える。すなわち、法令にいわゆる公安委員会の定める場所(追越禁止区域)であることを知らなかつたことは、いわゆる法律の錯誤であつて、このばあいは、違法性の意識に影響を及ぼすかどうかが問題となると解すべきではなかろうか。また、【87】は、被告人は横断禁止の標識の存在を認識しなかつた、すなわち横断禁止の事実を知らなかつたのであるから、本件犯罪構成要件たる禁止事項の認識を欠き故意なきものであるとして、【86】と同趣旨の見解を示しているが、本罪の「事実の認識」も、横断禁止の事実の認識までは必要でなく、被告人が自転車に乗つて横断した場所の状態についての認識があれば十分なのではなかろうか。

なお、酩酊運転に関する【88】は、妥当であろう。

(五)　法律の錯誤か事実の錯誤か　(二)　――経済統制犯に関して――

(1)　統制物資でないと思つたばあい

(イ)　被告人が金銀糸(アルミニウム平箔である)をアルミニウム製品と思わず糸と信じて、アルミニウム製品についての統制額をこえた価格で販売した事案について、次の判例は、事実の認識に欠くるところがないとしているが、もし被告人が、問題の金銀糸をアルミニウム製品でなく糸(繊維製品としての)と信じていたとすれば、アルミニウム製品の統制違反罪の事実の認識を欠くものといえよう。

【89】「被告人甲ニ於テ原判示ノ如ク本件アルミニウム平箔ヲアルミニウム平箔ナリトシテ認識シナカラ之ヲ原判示ノ如キ価格ニテ他ニ卸販売シタル以上縦令同人カ偶右物品ハアルミニウム製品ニ非スト信シ居タリトスルモ本件犯罪ノ構成要件タル事実ノ認識ニ於テ欠クルトコロナク唯同被告人ニ於テ其ノ認識シタル本件アルミニウム平箔カ昭和十三年商工省告示第二百八号十七所定ノアルミニウム製品ニ該当スルコトヲ知ラサリシニ過キサリシモノニシテ右ハ結局所謂法令ノ不知ニ帰着スルモノト解スヘキヲ以テ被告人ニ犯意ナシト云フヲ得サルモノトス」(大判昭一六・六・二八、新聞四七一七・二三)。

(ロ)　統制経済違反に関して告示の不知が法律の不知か事実の不知かが問題となつた事件がある。すなわち、被告人は輸出入品等臨時措置法にもとづく物品販売価格取締規則にもとづき定められた昭和一三年商工省告示二〇八号に違反して空樽若干を停止価格をこえた対価で販売したものであるが、上告論旨は、被告人は右告示により樽についてまで統制規則ができていることを知らなかつたものであり、告示の本質は法の制定ではなく一の処分であるから告示を知らずになした本件取引は法律の不知にもとづくものではなく事実の不知にもとづくものであるから犯意なき行為であると主張した。これに対して、判例は次のように述べている。

【90】「法律カ物品販売価格ノ取締ヲ命令ニ委任シ此ノ命令ニ基キ物品ノ指定ヲ告示シタルトキハ該事項ニ関シテハ其ノ命令又ハ告示ハ相俟テ法律ノ内容ヲ補充シ命令又ハ告示ニ従フコトカ即チ法律ニ従フ所以ニシテ右命令又ハ告示ハ法令ノ制定行為ナリト謂ハサルヲ得ス故ニ右告示ノ如キモ一般法令ト同シク官報ヲ以テ公布国民ニ遵由ノ義務ヲ負ハシテ居ルモノナレハ之カ不知ヲ以テ争フハ畢竟法律ヲ知ラスト云フニ帰スルヲ以テ依テ以テ罪ヲ犯スノ意ナキモノト為スヲ得サルコト言ヲ俟タス」(大判昭一五・一一・七刑集一九・七三七〔研究〕小野・刑評三巻三二八頁)。

しかし、ここでは告示が法規か処分かの形式論は重要な問題ではない。むしろ、本件において問題なのは、告示によつて樽が指定物品となつたことの認識が本罪の故意の成立要件としての「事実の認識」に必要であるかどうかであるが、この点、販売した物件が樽であることの認識があれば事実の認識としては欠くるところなく、さらに、それが告示によつて指定物品となつたことの認識は必要でないのではなかろうかと考える。そうだとすれば、右の告示の不知は、事実の認識を欠くに至らしめるものではなく、違法性の意識に影響を及ぼしたかどうかに関して問題となるだけである。

(ハ) 当該物資が統制法規に規定された物資にあたらないと思つたばあいにつき、次の判例はいずれも故意を阻却するものでないとしているが、これは、いわゆる「あてはめ」の錯誤は事実の認識を欠くに至らしめるものではないことをみとめた点に関するかぎりは妥当であろう。

【91】被告人は綿製品の襤褸を超過価格で販売したものであるが、被告人はそれが再生綿布であり価格統制の対象ではないと信じていたという事案につき「被告人ハ原判示ノ如ク綿其ノ他ノ絲ヲ原料トシテ製造セル織物ノ襤褸ヲ晒シテ漂白セル拭布等ヲ販売シタルコトハ其ノ認ムル所ナレバ、該品ハ再生綿布ニシテ罪トナラスト固キ信念ヲ有シタリトスルモソハ法ノ不知ニ当ルヲ以テ依テ以テ罪ヲ犯スノ意ナキモノト謂フヲ得ス」(大判昭一五・九・一二刑集一九・五七九)。

【92】「論旨は、被告人は京都における一流の衣料品問屋である大京繊維株式会社の常務取締役の言を信じ本件ガラ紡織物は統制外の品であると思料して本件取引に及んだもので、いわゆる法律の錯誤があり、違法の認識がないから罪とならない、と主張するのであるが、犯意があるとするためには犯罪構成要素である事実を認識すれば足りその行為の違法を認識することを要せず、従つて法律の不知乃至いわゆる法律の錯誤は犯意を阻却しない（昭和二四年（れ）第三一六五号同二五年四月一八日第三小法廷参照）ことは、臨時物資需給調整法に基く衣料品配給規則第五条違反の罪についても同様であるから、論旨は理由がない」（最判昭二五・一二・二六刑集四・一二・二六二七）。

【93】指定繊維製品である労働作業衣類を、被告人は労働作業衣類については衣料切符を必要としないと信じていたので、衣料切符と引換えでなしに販売したという事案について「同被告人カ同公廷ニ於テ本件労働作業衣類ニ付テハ衣料切符ヲ要セサルモノト信シタル旨供述セルコトハ所論ノ如キモ是固ヨリ罪ト為ルヘキ事実ノ不知ニ非スシテ所謂違法ノ認識ナキ場合換言スレハ法律ノ不知ニ属シ之カ為メ罪ヲ犯ス意ナシト為スコトヲ得サルハ勿論」（東京控判昭一七・一一・二八新聞四八二〇・八）。

【94】「被告人ニ於テ本件牛乳ヲ原判示ノ価格ニ於テ販売シタル事実関係ノ認識ニシテ欠クルコトナキ以上縦令被告人ニ於テ本件牛乳ハ本件告示ニ所謂嗜好飲料ニ非スト確信シ之ヲ販売シタリトスルモ本件犯罪ノ成立ニ要スル事実ノ認識ニ欠クルコトナク唯本件牛乳カ判示告示所定ノ嗜好飲料ニ該当セスト信シタリトノ事ハ告示ノ解釈ヲ誤リタルモノニシテ結局刑罰法令ノ不知ヲ主張スルニ帰着スルヲ以テ本件犯罪ノ成立ヲ阻却スルモノニアラス」（宮城控判昭一七・一二・一一新聞四八一八・五）。

【95】「被告人が所論のように本件の一度も使用された形跡のない衣料品を公認の古物市場で新品以下の価格で買うのだから何等配給割当公文書を要しない『古物』だと思つて取引したとしても、右は犯罪の構成に必要な事実の認識に何等欠くるところがなく、唯法律の解釈を誤つて其の行為を違法でないと信じたと謂うに止まるから所論は結局刑法第三十八条第三項に所謂法律の不知に当り犯意を阻却しないものと解するのを相当とする。従つて原審が右に対し判決に何等の判断を示さず又刑を減軽しなかつたことは相当であつて論旨は理由がない」（東京高判昭二五・一〇・二六特一五・一四）。

なお、「いか油」は統制外であると思つたばあい（札幌高函館支判昭二五・一二・二七特六・一七二）、白下糖が統制品であることを知らなかつたばあい（札幌高判昭二五・五・一三特九・一六八）、麻の価格統制が廃止になつたと思つたばあい（最判昭二六・一二・二八裁判集刑五八・一〇一九）、故意を阻却するものではないとしている。

(2)　統制価格を知らなかったばあいについて

【96】「被告人カ判示最終卸売公定価格ノ具体的内容ヲ知ラサリシトスルモ之単ニ違法ノ認識ナシト云フニ過スシテ之ヲ以テ犯意又ハ犯罪ノ成立ヲ阻却スルモノト為スヲ得ス」（大判昭一五・五・三〇評論三〇諸法一五）。

【97】「価格等統制令違反罪ノ成立ニ必要ナル犯意アリト云フニハ犯人ニ於テ昭和十四年九月十八日即チ所謂指定期日ニ於ケル額ヲ超エテ価格等ヲ契約シ支払ヒ又ハ受領スル認識アルヲ以テ足リ必スシモ精確ニ右指定期日ニ於ケル価格ノ幾何ナルヤヲ確知セルコトヲ要スルモノニ非ス」（大判昭一六・一二・二三刑集二〇・七二五〔研究〕小野・刑評四巻三〇六頁以下）。

【98】「被告人は、砂糖の公定価格を知らなかったにしても、本件買受行為が公定価格をはるかに超過する価額によるものであることは知っていたものと認められる。……被告人がその買受が闇取引であるのを知っていたことは認められるのであって、たとい砂糖の公定価額を知らなかったとしても本件買受けについて犯意を欠いたとは言い得ず」（最判昭二四・一二・一三判例体系三〇・一〇九〇）。

価格等統制令違反罪の故意の成立に統制価格がいくらであるかを具体的に知ることが必要でないこともちろんである。ところで、同罪の事実の認識に、【97】【98】がみとめているように、自己の契約し支払い受領する価格が統制価格をこえていることの認識ないし該買受が闇取引であることの認識を必要とするかどうかであるが、この点、若干疑問はあるけれども、統制価格を超えていることの認識は必要でなく、ある金額で契約・支払・受領することの認識があれば、同罪の「事実の認識」としては十分なのではなかろうかと考える。統制価格を超えていることを認識を欠いても、「事実の認識」を欠くに至らしめるものでなく、ただ違法性の意識に影響を及ぼすものとして、それは、いわゆる法律の錯誤の問題であろう。

(3)　受入先において発生したアルミニウム屑は、これを使用してもアルミニウム屑配給統制規則三条にいう「受入」でないと信じたとしても、法令の不知にすぎないとする判例（東京控判昭一九・六・一五刑集二三附録三五）は、「あてはめ」の錯誤は故意を阻却しないとするもので妥当であろう。

(4) 他の法令による許可を飲食営業臨時規整法三条の許可と誤信したばあいにつき、次の判例はこれを法律の錯誤と解しているが正当であろう。

【99】「本件犯意事実は被告人が規整法第三条の許可を受けないで、軽飲食店営業を営んだことにあつて、右事実は、総て被告人も認むるところであり、原審が取り調べた証拠によつても、十分に認められることは、前記の通りであるから、被告人が食品衛生法第二十一条による許可を受けたこと並に前記取引高税の台帳の交付を受けたことによつて規整法の許可があつたものと信じたことは、規整法第三条の解釈を誤つたものと解さねばならない。従つて被告人の前記誤信は、事実の錯誤でなく、法律の錯誤であると謂わねばならない」（名古屋高判昭二五・一一・二特一四・七五）。

(六) 違法阻却事由についての錯誤

(1) 誤想防衛　違法性を阻却する事情が存在しないのに存在すると考えて行為したばあい、たとえば、急迫不正の侵害がないのに存在すると考えて防衛行為にでたばあい（誤想防衛）、この錯誤がいわゆる事実の錯誤であるか法律の錯誤であるかについては学説が対立している。わが通説（牧野・日本刑法(上)二三一頁、同・刑法総論(下)五四九頁以下、小野・刑法講義(総論)一六二頁、滝川・序説一七九頁、団藤・綱要(総論)二二五、一六八頁、植松・刑法総論一四六頁）は、違法阻却事由の前提たる事情についての錯誤（誤想防衛など）を故意を阻却する事実の錯誤と解し、その錯誤について過失があれば――過失犯の規定の存在を前提として――過失犯が成立するとしている。これに対して、右の錯誤を法律の錯誤と解する反対説がある。この説は、法律の錯誤を故意論に属すると解する故意説的立場と責任論に属するとする責任説の立場によってその結論をことにする。法律の錯誤を故意論に属するとする説においては、違法性の意識を故意の要件とするかどうかによって、さらに結論が分かれるが、わが国においては、この点、違法阻却事由の事情についての錯誤が過失にもとづくときは、故意と同様に取り扱うとする見解（草野・刑法要論六三頁、斎藤・刑法総論（改訂版）一三四頁）と故意を阻却しないとする見解（井上・刑法学（総則）一三七、一五三頁）がある。法律の錯誤を責任論に属するとする説（責任説）は、違法阻却事由の事情についての錯誤は、故意の成否と無関係であって、ただその錯誤がさけえられなかったばあいに責任が阻却されるが、さけえたばあいには責任が軽減されうるにとどまるとする（木村・総論二一八、三三四頁以下、福田・違法性の錯誤二五〇頁）。

この点につき、【100】は、傍論ではあるが通説と同様の見解を示している。これに対して、【101】は、公務執行妨害罪における職務行為の適法性の問題とからんでいるが、巡査の職務行為を不法な侵害と誤認し正当防衛の目的でこれに反撃抵抗したばあいを法律の錯誤であるとして故意の阻却を否定している（なお、前述五二頁参照）。

【102】は、誤想防衛のばあい故意が阻却されるものであることをみとめながら、誤想防衛の成立には「当時の客観的事情から見て、犯人がそのような急迫不正の侵害があると誤認したことが相当と認められる場合であることを要する」としている。ところで、誤認が相当とみとめられるばあいとは、誤認につき過失がなかったばあいと解される。そこで、この判例は、誤認したことが相当とみとめられないばあいには、誤想防衛は成立せず故意を阻却しないが、誤認が相当とみとめられ、誤想防衛が成立したばあいには、故意を阻却し、さらに、過失犯成立の余地もなく責任が阻却されるものと解しているとみてよかろう。そうだとすると、この判例は、誤想防衛を法律の錯誤と解し、錯誤が過失にも

とづくばあいには故意を阻却しないが、錯誤につき過失がないときは故意を阻却するとする前述の井上教授の見解と実質的に同じ見地に立つものと理解しえよう（なお、誤認が相当とみとめられるばあいには責任が阻却されるとする結論は、責任説からも肯定される）。というのは、もし通説のように、誤想防衛を事実の錯誤と解すれば、事実の錯誤は、過失の有無にかかわらず（過失があるばあいに、過失犯が成立することは別論）、故意を阻却するものであることは一般にみとめられているところであるから、急迫不正の侵害があると誤認したばあい、その点につき過失の有無をとわず故意を阻却するものと解しなければ首尾一貫しないからである（従って、右の判例が誤想防衛を事実の錯誤と解しているならば、誤認につき過失のあるばあいに誤想防衛の成立を否定する趣旨を示しているのは妥当でない）。

これに対して、【103】は、誤想防衛を事実の錯誤と解し、錯誤につき過失がないから犯罪が成立しないとしているので、通説の立場に立つものであろう（この判例が「消極的構成要件事実即ち正当防衛を認識したもの」と述べていわゆる消極的構成要件論をみとめる口吻をもらしていることは注意する必要がある）。

【100】「其ノ行為カ或ハ法令ニ因リ或ハ其ノ他法律上犯罪ノ成立ヲ阻却スヘキ客観的原因ニ基ク場合ナリトセハ違法ナラサルカ故ニ罪ト為ラサルハ勿論ニシテ又斯カル客観的ノ事実ノ現在スルコトナシトスルモ行為者カ其ノ存在スルコトヲ誤信シタル場合ナルニ於テハ犯意アリト為スヲ得ス」（大判昭八・六・二九刑集一二・一〇〇一）。

【101】「仮リニ被告人等ハ所論ノ如クA巡査等ノ解散命令及検束処分カ職権濫用ニ基ク不法ノ侵害ナリト誤認シテ正当防衛ノ目的ヲ以テ反撃抵抗シタリトスルモ右誤認ハ罪トナルヘキ事実ノ誤認ニ非スシテ其行為ヲ為スニ至リタル動機原因タル事実関係ヲ誤解シタル結果本来法律上許サレサル自己ノ行為ヲ許サレタルモノト誤信シタルニ外ナラサルヲ以テ故意ヲ阻却セサルモノトス」（大判昭六・一〇・二八評論二一諸法六九）。

【102】「原判決挙示の証拠並びに当審における事実の取調の結果に徴すると、被告人が前記短刀を懐中に入れて部屋に引き返したとき、甲がなおも興奮して再び電気スタンドを手にしようとしたので、被告人がその手を払ひのけたところ、甲はやつたなと云いながら右手をズボンのポケットに入れたところから被告人は突嗟に同人がポケットから短刀でも出すのではないか

と思い、機先を制して判示のように同人を死に致すかも知れないと認識しながら前記短刀を抜いて同人の左側腹部に突き刺したものであつて、本件記録を調査するも甲が当時兇器を所持していたと認められる何らの根拠も見出されないのみならず当時の被害者と被告人の位置、対峙状態等から見て当時の被害者甲の挙動は未だ以て急迫不正の侵害と認めるに足りないものである。……仮に原判決認定のように当時被告人が機先を制しなければ我身が危いと感じたとしても被告人の本件行為をいわゆる誤想防衛行為と認めることはできない。蓋し、誤想防衛行為とは正当防衛行為の客観的要件である急迫不正の侵害が存在しないのに、犯人がかかる事由が存在するものと誤信し、正当防衛の意思を以てその誤想による侵害に対し已むを得ざる反撃行為に出た場合をいい、このような場合には犯人にその犯意があるものとすることができない（犯意を阻却する）とされるのであるが、このような誤想防衛が成立するためには、犯人の認識した内容（誤想による侵害）が犯人のなした反撃行為を已むを得ない防衛行為と認めさせる程度の急迫不正の事由に該当するものであつて、且つ当時の客観的事情から見て、犯人がそのような急迫不正の侵害があると誤認したことが相当と認められる場合であることを要すると解すべきである。しかるに本件の場合のように被告人が、相手方が右手をポケットに入れるのを見て刃物を持つているものと誤信し、機先を制し直ちに反撃に出たような場合は、被告人の認識した内容自体が未だ被告人のとつた反撃行為を必要已むを得ないものと是認させる程度の急迫性があるものとは認められないからである」（東京高判昭三二・七・一八高裁特報四・一四―一五・三五七）。

【103】（事実）暴行傷害等の前科一三犯を有する被害者甲が、深夜被告人宅に押かけ「今日は日本刀でも何でも持つて来い、一発で射ち殺すぞ」と怒号し、被告人が同人の理不尽な言いがかりを詰問したところ、甲は被告人に対し「はじきやげたろうか」（狙撃の意）等と言いながら、右手をオーバーのポケットに突込んだ（これは、本当はガラスの破片で負傷しタオルを巻いていたのでこれをかくすためにしたことであつた）ので、被告人は、甲が凶器を取出し、自分に立ち向つて来るものと思い、その身体、生命を防衛するためやむなく有り合わせの木刀で甲の手首等を殴打し負傷させたものである。

（判旨）「被告人の本件行為は被害者甲が右手を同人のオーバーのポケットに突込んだことにより、同人の凶暴な性格と、その直前における前記の如き言動と合わせ、同人が被告人に対し凶器を以て攻撃し来るものと、急迫の事態を錯覚し、自己の生命身体の危険を防ぐため、やむなく原判示の如き傷害に及んだものであつて、換言せば、正当防衛の成立に必要な客観的条件たる急迫不正の侵害がないのに、これが存するものと誤信して権利を防衛する意思を以てした行為、すなわち講学上いわゆる誤想防衛行為と解すべきであつて、しかも被告人の右錯誤については記録上これが同人の責に帰すべき過失によるものとは認められないから、被告人の本件行為は、錯誤により犯罪の消極的構成要件事実即ち正当防衛を認識したもので故意の内容たる犯罪事実の認識を欠くことになり従つて犯意の成立が阻却されるから犯罪は成立しないものと云わざるを得ない」（広島高判昭三五・六・九判時二三六・三四〔研究〕中武・判例評論三三号一四頁以下）。

(2)　その他の違法阻却事由についての錯誤　病気平癒の加持祈禱を行うにあたり、病気で衰弱した女性の身体に強圧を加えたが、それが有効適切な治療方法と誤信していた事案に関して、

【104】（事実）　被告人両名は日蓮宗の信仰を通じ病気平癒のため加持祈禱を行うことを業としていたものであるところ、甲の妻乙が原因不明の病気のため身体衰弱し精神に異状を呈して不可解な言動をなすに至つたため右甲の依頼により両名共同して乙の病気平癒のため加持祈禱を行うに当り、その方法として甲ほか三名の男子の協力のもとに、同女を仰臥せしめ、その両手両足を押さえた上数名交々、且つ長時間継続して各自手拳または手指をもつて同女の腹部、胸部、咽喉部等に強圧または強扼を加え、因つて同女をして甲状軟骨骨折ほか、頸部、腹部等全身各所に無数の表皮剝脱皮下出血等の損傷を負わせ且つ呼吸困難に陥らしめ遂に頸部扼圧による窒息のため死亡するに至らしめたものである。

（判旨）「いやしくも他人の身体に暴行（違法な有形力）を加える認識のもとに暴行の所為に出で、因つてこれを死に致した場合には、たとえ犯人が錯誤によりその行為を法律上許されたものと信じていたとしても傷害致死罪の成立あるを免かれない。なるほど疾病治療の目的をもつて医学上一般に承認された手段方法により患者の身体に有形力を行使しまたは傷害を加えること、すなわち、いわゆる治療行為は、その性質上、刑法にいわゆる暴行もしくは傷害に該当しないか、または違法性がないものとして罪とならないことは答弁書所論のとおりであるが、同じく疾病治療の目的に出でたとしても、客観的には暴行ないし傷害に該当する違法な有形力を、主観的には疾病治療のため有効且つ適切な治療行為であると誤信してこれを患者の身体に加えた場合の如きはこれと異なり、行為者は暴行ないし傷害に該当する外形的事実はこれを認識しながら、ただ錯誤によりこれが評価を誤りこれを適法な治療行為であると信じたため、行為の違法性の認識を欠いて行動したに過ぎないのであつて、事実の認識を欠いたのではないから、暴行ないし傷害の犯意ありとするに妨げはなく、因つて生じた結果につき、傷害ないし傷害致死の罪責を負わねばならない。……

被告人両名は客観的には違法な暴行に該当する外形的事実はこれを認識しながらただ迷信のためこれが価値判断を誤り患者乙のため有効適切な治療方法であると錯誤妄信した結果行為の違法性を認識しないでその所為に出でたものであつてこれを錯誤により事実の認識を欠いたものと解するに由がないから、叙上説示の趣旨においても暴行の犯意ありとするに十分であると言わねばならない。果して然らば被告人両者の本件行為は暴行の認識をもつて右乙に暴行を加えて因つてこれを死に致したものに外ならないからこれが傷害致死罪を構成することは勿論である」（東京高判昭三一・一一・二八刑集九・一二・一二五一）。

(3)　名誉毀損罪における事実の真実性についての錯誤　刑法二三〇条の二は「真実ナルコトノ証明アリタルトキハ之ヲ罰セス」と規定しているが、この事実の真実であることの証明があつたとき、これを罰しないとすることの法律的性質については、（一）処罰阻却事由と解する説（植松・刑法概論Ⅱ各論三〇二頁、なおドイツでは多数説）（二）違法阻却事由と解する説（牧野・刑法各論（下）五〇九頁、小野・刑法概論三四五頁、中野「名誉に対する罪」刑事法講座四巻八三一頁、江家・刑法各論二五三頁、福田・刑法各論一九三頁等）（三）構成要件該当性阻却事由と解する説（団藤・刑法（改訂版）三二七頁）と学説が対立している。処罰阻却事由と解するかぎり、事実の真実性についての錯誤は故意を阻却しないとする結論に達するのは当然である。事実、最判昭三四・五・七（刑集一三・五・六四一）は、この立場を示しているものといえよう。ところが、下級審の判例のうちには、以下にかかげるように、事実の真実性についての錯誤が故意に影響を及ぼすものであることを示している判例が数多く存在する。これらの判例が、処罰阻却事由説に立つものでないことはあきらかであろう（大阪高判昭二五・一二・二三特一五・九五、東京地判昭二七・四・二六裁時一〇八・六は、処罰阻却事由説を採用しえないとしているし、高松高判昭二八・三・九刑集六・五・六三五、名古屋高判昭三〇・六・二一高裁特報二・一三・六五七は、違法阻却事由と解すべきであるとしている）。ところで、違法阻却事由ないし構成要件該当性阻却事由と解する見地に立つて、いかなるばあいに故意が阻却されるかについては、（イ）事実が真実であつたことを阻却事由とみて、行為者が真実であると誤信したばあい常に故意が阻却されるとする説（牧野・前掲五一二頁、中野・前掲八三二頁）と（ロ）事実が証明可能な程度に真実であつたことが阻却事由であるとみて、証明可能な程度の資料・根拠をもつて事実を真実と誤信したばあいに故意が阻却されるとする説(団藤・前掲三二八頁)とに大別することができよう(事実証明の問題については、牧野・警研二〇巻一一号三頁以下、小野・刑罰の本質について・その他一一一頁以下、団藤・刑法と刑事訴訟法の交錯七七頁以下、中野・刑事法講座四巻八二七頁以下、福田・続判例百選一七〇頁以下参照)。

【105】「摘示者がただ主観的に摘示事実が真実に符合すると思つたというだけでは足らず、その真実性を信ずるにつき相当の理由が存したことが訴訟上積極的に立証されねばならない。換言すれば、摘示者が事実の真実性を十分立証しえなかつたとしても、健全な常識をもつてすると、しかくその真実性を信ずることが相当と認められる程度の客観的な状況のあつたことが立証されたならば故意を阻却するが、これがなされなければ、故意の成立は阻却されないものというべきである」(東京地判昭二七・四・二六裁時一〇八・六)。

【106】「行為者において摘示事実が真実であると信ずることが健全な常識に照し相当と認められる程度の客観的状況の存在が立証されたとき初めて犯意の成立を阻却するものと解しなければならない」(高松高判昭二八・三・九、刑集六・五・六三五)。

【107】「その証明が不十分であつたが、摘示者が摘示事実を真実なりと信じたのは無理のないところであると、健全な常識に照らし合理的に首肯し得る程度の客観的な資料乃至情況がある場合でなければならない」(東京高判昭三一・二・二七刑集九・一一・一〇九)。

【108】「真実性の証明をもつて可罰性阻却事由と解しこれを犯意の外におこうとする所論にはたやすく賛同し難く、むしろ真実性の証明も、また犯意の対象として検討すべく、これに関する認識の欠缺が犯意を阻却するものとする原審の見解に左袒せざるを得ない。

即ち斯く解することにより事実証明の面においてもまた認識の有無が問題とされるのであつて、かりに証明不十分の場合でも摘示者においてこれを真実なりと信ずべき相当の理由があれば犯意を阻却するものとし犯罪の成立を否定しもつて実際上における証明の困難(真実と証明との間に存する不可避的な間隙)との調和を図ることがむしろ法益保護均衡の目的に合致するものと解し得るからである」(大阪高判昭二五・一二・二三特一五・九五)。

【109】「その事実を真実なりと信じ、且つかく信ずることにつき過失がなかつたものと認められる場合に限り故意の責任を阻却される場合があるに過ぎないのである」(東京高判昭二八・二・二一刑集六・四・三六七、同旨東京地判昭三四・一一・二九下級刑集一・一一・二〇六)。

【110】「刑法第二百三十条の二の規定は、同法第二百三十条第一項の名誉毀損罪の処罰阻却事由ではなく、刑法第三十五条乃至第三十七条と同じく違法阻却事由と解するのが相当であつて、公務員その他公選の議員に対する名誉毀損罪の犯意については、被告人が単純に真実であると信じていただけでは、犯意を阻却するものでなく、被告人が真実と信ずるにつき又は真実の証明があると信ずるにつき正当の理由があるとき、犯意を阻却するものと解すべきである」（名古屋高判昭三〇・六・二一高裁特報二・一三・六五七）。

【105】【106】【107】の判例は、その言葉からみて、（ロ）説に従つているように思われる。ところで、ここで、（イ）説、（ロ）説のいずれが妥当であるかを検討することはさけるが（この点については、団藤・前掲書、福田・前掲判例解説参照）、【108】【109】【110】の判例は、真実であると信じたことにつき、「相当な理由があれば」とか「過失がなかつたと認められる場合」とか「正当な理由があるとき」とかに故意に阻却するものであるとしているので、少なくとも、これらの判例が、事実が真実であることを違法阻却事由と解しているように理解しうる余地を残している。もしそうだとすれば、これらの判例は、違法阻却事由の錯誤を法律の錯誤と解し（事実の錯誤と解すれば、過失の有無を問わず故意が阻却されるとしなければならない）、その点について過失があるばいには故意を阻却しないとする見地に立つているものといえよう（もつとも、これらの判例が事実証明の規定を構成要件該当性阻却事由と解しているとすれば【110】は違法阻却事由と解している）、その点についての錯誤は事実の錯誤と解する他はないから、判例の結論を維持するためには、（ロ）説に従つたものと見る他はない）。

二　法律の錯誤

（一）序説　いわゆる法律の錯誤、すなわち、行為の違法性についての錯誤が、故意ないし責任にいかなる影響を及ぼすものであろうか。法律の錯誤に関して、わが刑法は「法律ヲ知ラサルヲ以テ罪ヲ犯ス意ナシト為スコトヲ得ス但情状ニ因リ其刑ヲ減軽スルコトヲ得」（三八条三項）と規定している。この規定の解釈について見解が分かれているが、これは、法律の錯誤の問題についての見解の対立にもとづくものである。ところで、この違法性の意識ないし法律の錯誤の問題に関して、今日わが国で主張されている学説を大別すると、（一）違法性の意識は故意の要件でなく、従って、法律の錯誤は故意を阻却しないとする説（この説は、今日、学界では稀であって、たとえば、泉二・日本刑法論(総論)四六八頁が採用している位であるが、判例は後述のようにこの立場を採用している）、（二）自然犯については違法性の意識は必要でないが法定犯については必要であるとし、そこで法律の錯誤は自然犯においては故意を阻却しないが法定犯においては故意を阻却するとする説（牧野・日本刑法上巻二一七頁以下、同刑法総論下巻(昭三四)五九〇頁以下、八木・刑法における法律の錯誤三〇二頁以下）、（三）違法性の意識は故意の要件であるとし、そこで、法律の錯誤は故意を阻却するとする説（小野・刑法講義(総論)一五四頁以下、滝川・犯罪論序説一二七頁以下、植松・刑法総論一九九頁以下）、（四）故意の成立には違法性の意識を必要とするが、違法性の意識のないことにつき過失があったばあいは（法律の過失のばあいは）これを故意と同一に取扱うとする説（宮本・刑法大綱一四七頁、草野・刑法総則講義一分冊(昭二六)一一九頁、佐伯・刑法総論(昭一九)二三九頁、斎藤・刑法総論(改訂版)一八〇頁以下、一九六頁以下）、（五）故意の成立には違法性の意識の可能性で足りるとし、そこで違法性の意識を欠いても法律の錯誤がさけえられたばあいには故意を阻却しないとする説（団藤・綱要(総論)二三二頁以下、井上・刑法学(総則)一四四頁以下、日沖・刑評一巻三五八頁以下）、（六）実際的結論は第五説と同様であるが、違法性の意識を故意の問題として論ずる（一）ないし（五）の学説と根本的に対立し、違法性の意識ないしその可能性を故意とは区別された別個独立の責任要素と解し、法律の錯誤（禁止の錯誤）は、故意の成立とは無関係で、ただその錯誤がさけえられないばあいには責任を阻却するが、さけえられたばあいは責任を軽減しうるにすぎないとする説（いわゆる責任説、木村・総論三一八頁以下、福田・違法性の錯誤二一六頁以下）となろう。わたくし自身は、第六説（責任説）を支持するものであるが（その理由づけについては、福田・違法性の錯誤参照）、ここで、これらの学説を批判検討することは省略することとし（これらの学説についての簡単な検討として、福田・行政刑法（法律学全集）一二三頁以下参照）、法律の錯誤についての判例を考察することとしよう。

（二）判例の基本的態度

(1) 判例は、その基本的態度として、前述のように、学説がほとんど一致して反対している第一説を採用しており、「違法の認識は故意の要件でない」とか「法律の錯誤は故意を阻却しない」という旨を断定的に表明している判例は、大審院以来おびただしい数にのぼっている。以下、若干の判例を例示することとしよう。

（イ）いわゆる自然犯（刑事犯）に関する判例

【111】放火罪に関して「単ニ自己ノ行為ニ対スル社会道義上又ハ法律上ノ価値判断ヲ誤リテ或ハ違法ニ非ス或ハ罪ト為ルヘキモノニ非スト思惟スルカ如キハ刑法第三十八条ニ所謂法律ヲ知ラサルモノニ該当シ之ヲ以テ罪ヲ犯スノ意ナシト為スヘキモノニ非ス被告人カ保険金受領ノ目的ヲ以テ自己並ニ家族ノ住居ニ使用セラルル判示家屋ニ放火スルニ当リ他ニ延焼セサル限リ差支ナキモノト考ヘタルコトアリトスルモ是唯法律ヲ誤解シテ自己ノ行為ヲ罪ト為ルヘキモノニ非スト思惟シタルニ止マルモノニシテ法律上犯罪ノ成立ヲ阻却スヘキ客観的原因タル事実ノ存在ヲ誤信シタルモノニ非スト解セサルヘカラス」（大判昭八・六・二九刑集一二・一〇〇一）。

【112】収賄罪に関して「刑法上罪ヲ犯スノ意アル行為トハ犯罪事実ヲ認識シテ為シタル行為ヲ指称シ違法ノ認識ハ一般的ニ犯意ノ要素ニ属スルモノニ非ス……同罪（収賄罪―筆者註）ニ於テ違法ノ認識ハ其ノ犯意ノ要素トナラサルコト刑法第百九十七条ノ解釈上疑ナキ所ナレハ原判決ニ於テ被告人等カ本件ノ行為ヲ為スニ付違法ヲ認識シタルコトヲ判断スルノ要ナシ」（大判昭八・一〇・一〇新聞三六四三・一〇）。

【113】堕胎罪に関して「本件甲医師ノ為シタル堕胎手術ハ医師ノ正当ナル業務ニ非ス然リ而シテ其ノ堕胎行為カ正当ナリヤ

否ヤハ行為当時ニ於ケル諸般ノ状況ニ従ヒ決セラルヘキ法律上ノ価値判断ノ問題ナルカ故ニ縦シヤ被告人カ甲医師ニ対シテ堕胎手術ヲ依頼シタル当時被告人ニ所論ノ如キ誤想アリタリトスルモ幵ハ甲医師ノ堕胎手術カ違法ニ非スト誤解シタルニ過キスシテ堕胎罪ノ構成要件タル犯意ヲ否定シ得ヘキニ非ス」（大判昭一〇・五・二五新聞三八七五・一二）。

【114】 信書開披罪に関して「凡ソ犯意ノ成立ニハ特別ノ規定ナキ限リ違法ノ認識ヲ必要トスルモノニ非サルヲ以テ縦令被告人カ主観的ニ正当ナル行為ナリト意識シタリトスルモ之カ為本件信書開披罪ニ対スル被告人ノ犯意ヲ阻却スルモノニ非ス」（大判昭一一・三・二四新聞三九九二・一四）。

【115】 毀棄罪に関して「上告人等が被上告人において植え付けた稲苗を抜取つたのは耕作権があるから差支えないと思つたので法律上許されるものと信じていたとしても苟くも他人の植え付けた稲苗であることを認識しながらこれを抜取つた以上は毀棄の罪に該当するものといわなければならない」（最判昭二五・五・二六民集四・五・一九一）。

（ロ）　いわゆる法定犯（行政犯）に関する判例

【116】 「仮ニ被告人ニ於テ所論ノ如ク甲商店ヨリ加工委任状ヲ添附スレハ罪トナラスト告ケラレ之ヲ信シテ為シタリトスルモ其ノ主張タルヤ法律ノ不知ニ当リ犯意ヲ阻却セサルモノト解スルヲ妥当トス惟フニ原判決第二事実ノ如ク法定ノ許可ヲ受ケスシテ金巾生地ヲ法定最終販売最高価格ヲ超エテ卸売シタル事実ナルニ拘ラス所論ノ如ク他人ヨリ加工委任状ヲ添附スレハ罪トナラスト告ケラレ之ヲ信シテ販売シタリト云フニ於テハ法律ヲ以テ販売ヲ禁シタル金巾生地ノ販売タルコトヲ知リテ為シタルモノニシテ犯罪ノ構成ニ必要ナル事実ノ認識ニ何等欠クル所ナク唯其ノ行為ヲ違法ナラスト誤リタル解釈ヲ信シタルニ止マルノミナラス故意ハ法律ノ認識ヲ必要トセサルカ故ニ所論ハ畢竟刑法第三十八条第三項ニ所謂法律ノ不知ニ当リ犯意ヲ阻却セサルモノナレハナリ」（大判昭一五・五・九刑集一九・二九〇。〔研究〕小野・刑評三巻一二三頁以下）。

【117】 「所論（一）ノ趣旨トスル所ハ要スルニ被告人ハ中央物価委員会酒造組合等ノ指令若ハ通知ニ従ヒ本件取引ノ売買価格ヲ正当ト信シ居タルモノナルヲ以テ其ノ行為ハ違法ノ認識ヲ欠クモノナリト云フニ帰スルモ違法認識ノ欠如ハ犯罪ノ成立ニ影響アルモノニ非サルカ故ニ仮令被告人ニ違法ノ認識ナカリシコト所論ノ如シトスルモ原審カ判示ノ如キ犯罪ノ成立ヲ断シタルハ不当ト云フヘカラス」（大判昭一六・三・七新聞四六九五・四）。

【118】「原判示新免許カ所論ノ如ク旧免許ノ延長トシテノ効力ヲ有スルモノニアラサルコト前点ニ対スル説明ニ依リ明カナル所ナレハ被告人ニ於テ斯カル効力アリト信シタリトスレハ其ノ右新免許ノ法令上ノ効力ヲ誤解セシモノニ外ナラスシテ取モ直サス法令ノ不知ニ帰ス其ノ犯意ヲ阻却スヘキモノニ非サルコトハ刑法第三十八条第三項本文ニ照シテ明瞭ナリトス」（大判昭一七・一二・一九刑集二一・五八五）。

【119】「論旨は、本件犯行は被告人等に於て自己の行為が『法上許されないことを認識しない』でなされたものであると主張するけれども、法令の不知は犯罪の成立を妨げるものではない」（最判昭二五・四・一八新判例体系（新）（日本法規出版会社版）刑法2・二四七）。

【120】「犯意があるとするためには犯罪構成要素である事実を認識すれば足りその行為の違法を認識することを要せず、従つて法律の不知乃至いわゆる法律の錯誤は犯意を阻却しない」（最判昭二五・一二・二六刑集四・一二・二六二七、同旨、最判昭二六・一一・一五刑集五・一二・二三五四）。

【121】「モルヒネの所持が法の禁ずるところであることを知らなかつたということは、単に法の不知であつて、法の不知が故意の要件でないことは、当裁判所の判例とするところであり、今これを改める必要を認めない」（最判昭二七・三・一八ジュリスト一一・三三）。

(2)　上に掲げた判例から、判例が、いわゆる自然犯（刑事犯）についてだけでなく、いわゆる法定犯（行政犯）についても、法律の錯誤は故意を阻却しないとする立場に立つものであることが分かるが（上掲の判例のほか、法定犯に関して、法律の錯誤は故意を阻却しないとする判例は、判例集に掲載されているものでも、たとえば、大判昭五・一二・一二刑集九・八三四、大判昭一一・一・二九刑集一五・二五〔研究〕滝川・批評二巻八〇頁以下、大判昭一四・一二・二二刑集一八・五八八〔研究〕小野・刑評二巻二八九頁以下、大判昭一五・九・一二刑集一九・五七九、大判昭一五・一一・七刑集一九・七三七、大判昭一七・二・二三刑集二一・五七〔研究〕定塚・刑評五巻二八頁以下、最判昭二六・一・三〇刑集五・二・三七四〔研究〕吉川・刑評一三巻三九頁以下等）、以下の判例は、この旨を明示している。

（イ）　いわゆる法定犯についても違法性の意識が故意の要件でないことを当然であるとする判例

【122】「特別法犯ニ付テモ犯意ノ成立上特ニ法律規定ヲ知ルノ必要ナキコトハ本院判例ノ認ムル所ニシテ本件無尽業法違反罪ノ犯意モ亦被告人ニ於テ罪トナルヘキ事実ノ全部ヲ認識スルヲ以テ足リ此ノ外所論ノ如ク違法性ノ認識ヲ必要トスルモノニ非ス」（大判昭九・三・一刑集一三・一七九〔研究〕草野・研究二巻五三頁以下、同旨、大判昭一一・六・二六新聞四〇一〇・一八、大判昭一五・二・二六刑集一九・四九、大判昭一六・八・二二新聞四七三六・五、大判昭一七・九・八新聞四七九八・九）。

【123】「所謂自然犯たると行政犯たるとを問わず、犯意の成立に違法の認識を必要としないことは当裁判所の判例とするところである」（最判昭二四・一一・二八、刑集四・一二・二四六三）。

（ロ）特別規定のないかぎり、法定犯においても違法性の意識は故意の要件でないとする判例

【124】「所謂法定犯ニ付特ニ刑法第三十八条第三項ヲ適用セサル旨若ハ違法ノ認識ヲ必要トスル旨ヲ規定セサル場合ニ於テハ法定犯ニ付テモ所謂刑事犯ト同様ニ犯意ノ成立ニハ違法ノ認識ヲ必要トセサルモノト解スルヲ相当トスルノミナラス」（大判昭六・一・一九刑集一〇・一、同旨、大判昭一一・六・二四新聞四〇三六・一二）。

【125】「新聞紙法第二十条所定ノ犯罪ノ成立ニハ違法ノ認識ヲ必要トセサルモノト解スルヲ相当トスルカ故ニ被告人カ右ノ如キ懲戒関係ノ文書ハ直ニ之ヲ公表シ得ルモノト解釈シタレハトテ之法ノ誤解ニシテ即刑法第三十八条第三項前段ノ所謂法律ノ不知ニ属シ犯意ノ成立ニ影響ヲ及ホササルモノナレハ原審カ被告人ノ判示第一ノ行為ニ対シ新聞紙法第二十条ヲ適用シタルハ正当ニシテ」（大判昭八・三・三〇、刑集一二・三一七）。

（ハ）刑法三八条三項が自然犯と法定犯とを区別していないことを理由とする判例

【126】「本店ニ於テ衡器販売ノ業ヲ営ムニ付其ノ所在地ヲ管轄スル地方長官ノ免許ヲ受ケタルトキハ其ノ管轄外ナル支店ニ於テ其ノ所在地ヲ管轄スル地方長官ノ免許ヲ受ケスシテ衡器販売ノ業ヲ営ムコトヲ得ト信シタリトセハ之所謂法律ノ誤解ニシテ即チ法律ノ不知ニ属シ犯意ノ成立ヲ阻却スルモノニ非ス蓋シ犯意ハ罪トナルヘキ事実ノ認識予見アルヲ以テ足リ違法ノ認識ハ其ノ要件ニ非サルコト刑法カ其ノ第三十八条第三項ニ於テ法律ヲ知ラサルヲ以テ罪ヲ犯スノ意ナシト為スコトヲ得サル旨規定シ所謂自然犯タルト法定犯タルトヲ区別セサルニ因リテ明カナリ」（大判昭八・一〇・二刑集一二・一七〇四、同旨、大判昭八・九・二八新聞三六二四・一〇）。

以上のところから、判例が、自然犯についても法定犯についても違法性の意識は故意の要件でなく、いわゆる法律の錯誤は故意を阻却しないとする態度をとるものであることがあきらかであろう。ところで、自然犯について法律の錯誤は故意を阻却しないとする結論は、判例の立場である第一説ばかり

でなく、第二説（いわゆる自然犯法定犯区別説）もみとめるところであるが、法定犯について、第二説は法律の錯誤は故意を阻却するとしているので、法定犯について法律の錯誤が不可避であつたばあいにも故意犯としての責任を追求するのは、判例の採用する第一説だけであるが、この説は今日、学説の支持のないところであるから、判例のこの点についての態度は、すべての学説から孤立していることになろう。

ところで、自然犯においては、犯罪構成事実を認識しているばあい、その行為の違法性を意識しているのが通常であり、その違法性の意識を欠いたときも、その錯誤がさけえられたものであることが大多数であろう。従つて、ここでは、判例も、その実際的具体的解決においては、責任主義の根本を否定するといつた欠陥を露呈することが少ない。しかし、法定犯においては、その違法性が法規の制定を通じて取得されることが少なくないので、ここでは、構成要件に該当する事実を認識していても、具体的法規を知らないばあい、その行為の違法であることを意識していないことが多く、その違法性の意識を欠いたとき、その錯誤がさけえられなかつたばあいが少なくない。そこで、法定犯においても法律の錯誤は故意を阻却しないとする判例の立場は、ここでは、法律の錯誤が不可避であつたばあいにも故意犯としての責任を追求するという責任主義の根本を否定する欠陥を、実際的具体的解決においても露呈することが少なくない。ところが、判例が、法定犯についても法律の錯誤は故意を阻却しないとする理由につき、ただ刑法三八条三項は自然犯と法定犯とにつき区別していないと述べているにすぎないのは（なお、この三八条三項の解釈自体、問題がある）、はなはだしく疑問であるといわなければならない。

なお、ここで、判例の右の態度とは関係はないが、法定犯における違法性の意識の問題に関して、法定犯においては法規の認識が必要であるとする見解にふれておきたい。すなわち、第三説に立たれる滝川博士は「自己の行為の法上許されざることの認識は行政犯については行政法規を認識することを要件とする。……行政犯の故意は行政法規の認識を要件として成立する（違法の認識は法規違反の認識と区別せられる。刑事犯においては違法の認識は故意の要件であるが法規違反の認識はその要件ではない。これに反し行政犯においては違法の認識即ち法規違反の認識である）」（滝川・刑事責任の諸問題二一九頁以下）と述べておられる。前述したように、法定犯においてはその違法性は法規の制定を通じて取得されるばあいが少なくないので、違法性の意識は具体的な法規違反の認識と結び付いていることが少なくない。しかし、ここから直ちに法定犯において法規違反の認識を要求することは疑問である。たしかに、行政法規によっては具体的法規の認識をはなれては違法性の意識がありえないばあいもあろう。しかし、また他の行政法規においては具体的法規を知らなくても違法性を意識しうることもありうる。たとえば、行政法規が制定後、長期間行われ、その行政法規違反の違法性が国民の意識に滲透しているばあいには、当該行政法規の規定する構成要件に該当する事実を認識しておれば、その具体的法規を知らなくても、その違反行為の違法性を意識しえよう。従って、法定犯においても必ずしも具体的法規違反の認識は必要でないのであって、ここでも自然犯と同様に違法性の意識は法的に許されないことの意識であると解すべきであろう（この点については、なお、福田・行政刑法（法律学全集）一三一頁以下参照）。

(3)　判例は、法律の錯誤は故意を阻却しないとする態度をとっているので、法律の錯誤につき、過失があろうとなかろうと故意を阻却しないという結論に至ること当然であるが、この点を明言するものとして次の判例がある。

【127】「法律ノ不知ハ其ノ無識軽卒ニ因ルト否トヲ問ハス犯意ヲ阻却スル事由ト為ラス」（大判昭三・三・九刑集七・一七二〔研究〕牧野・研究四巻二六八頁以下）。

【128】「所論所謂行政犯ニ於テモ所論刑法犯ト同シク犯意ノ成立ニハ罪ト為ルヘキ事実ノ認識アレハ足リ所論ノ如ク違法ノ認識若ハ過失ニ因ル違法ノ不認識ヲ要スルモノニ非ス」（大判昭一六・一二・二三新聞四七五七・五）。

【129】「警視総監指令ハ被告人等カ専務取締役又ハ常任取締役トシテ在任セル日東自動車株式会社ノ経営ニ係ル『ハイヤー』営業ノ運賃ニ付警視総監カ認可ヲ与ヘタルモノニシテ右ノ営業上遵守スヘキ運賃ノ基準ヲ指示シタル一種ノ命令ト認ムヘキモノナルカ故ニ被告人等ニ於テ其ノ趣旨ヲ誤リ必シモ之ニ従フノ要ナシト信シ居タリト云フカ如キハ畢竟法令ノ誤解若ハ不知タルニ帰シ被告人ニ犯意ナカリシモノト為スヲ得サルコト原判決説明ノ如クニシテ而シテ斯ノ理ハ被告人カ法令ヲ誤解シ又ハ其ノ不知ナルコトニ付何等ノ過失ナク却テ相当ノ事由アリタル場合ナルト否トニ依リ異ナル所ナキモノトス」（大判昭一七・九・二九新聞四八一二・五）。

(4) 法律の錯誤は故意を阻却しないとする第一説の立場に立ちながら、その適用における形式性を緩和しようとして、法律の錯誤を刑罰法規の錯誤と非刑罰法規の錯誤に分け、前者は故意を阻却しないが、後者は事実の錯誤と同様に故意を阻却するとする見解がある（ドイツの旧大審院（Reichsgericht）の判例がこの見解を採用していた）。しかし、この見解は、刑罰法規の錯誤と非刑罰法規の錯誤の区別が不可能ないし困難であり、結局、両者の区別は恣意的にならざるをえないということが認識されるに至り、今日では、学説上一般に否定されている。わが判例は、次の（イ）にあげた判例のように、刑罰法規の錯誤と非刑罰法規の錯誤とを区別せず法律の錯誤は故意を阻却しないとする旨を述べている判例も全然ないわけではないが、刑罰法規の錯誤は故意を阻却しないが非刑罰法規の錯誤は故意を阻却するとする見解に従っているような趣旨を示しているものが少なくない。

（イ）　両者を区別しない判例

【130】　旧刑法に関するものであるが「刑法第七十七条第四項（「法律規則ヲ知ラサルヲ以テ犯スノ意ナシト為スコトヲ得ス」――筆者註）ハ縦令実際ニ於テ法律規則ヲ知ラスシテ罪ヲ犯シタル者アリトスルモ罪ヲ犯スノ意ナシト主張スルコトヲ許サルコトヲ規定シタルモノニシテ同条項ニハ広ク『法律規則ヲ』云々トアルノミニシテ何等ノ制限ヲ置カサルノミナラス法律規則ハ前示ノ如ク其刑罰法ナルト否トヲ問ハス臣民タルモノハ総テ之ヲ遵守スルノ義務アリテ何人ト雖モ之ヲ知ラスト主張スルコトヲ得サルモノナレハ本件ノ如ク犯人カ実際民事訴訟法ノ規定ヲ知ラスシテ罪ヲ犯スニ至リタリトスルモ罪ヲ犯スノ意ナキモノト做スコトヲ得サルハ当然ノコトナルヲ以テ本論旨ハ上告ノ理由ナシ」（大判明三六・一〇・九刑録九・一四六七）。

【131】　「刑法第三十八条第三項ニ所謂法律ノ不知トハ刑罰法令ノ不知ノ場合ノミナラス命令禁令ノ不知ノ場合ヲモ包含スルモノト解スヘク而シテ寺院境内官有地ノ竹木ヲ採取スルニ付当該地方長官ノ許可ヲ受クルヲ要スルコトハ前掲規則第二条ノ明定スル所ナレハ被告ニ於テ此許可ヲ要スルコトノ認識ヲ欠キタリトセハ是レ法令ノ不知ニ過キスシテ犯意ヲ阻却スルモノニアラス」（大判大七・二・六刑録二四・三八〔研究〕牧野・研究一巻二八九頁以下）。

（ロ）　両者を区別する趣旨を示すものと思われる判例

【132】　「被告人ニ聴取無線電話装置工事完成後逓信局ノ許可ヲ得ルヲ以テ足レリト誤解シタルトスルモ右ハ刑罰法規タル無線電信法第十六条ノ不知ニ過キサレハ之ヲ以テ犯意ナシト為スコトヲ得サルモノトス」（大判大一五・四・一七評論一五諸法二一五）。

【133】　「疫痢カ伝染病予防法第一条所定ノ伝染病ノ一種ニ属スルモノナルコトヲ知ラサリシトスルモ是レ即チ刑罰法規ノ不知ニ外ナラサルカ故ニ之ヲ以テ当時被告人ニ犯意無カリシモノト為スヲ得サルモノトス」（大判昭二・三・一二新聞二六九三・一二）。

【134】　「刑罰法規ノ解釈ヲ誤リ犯罪行為ヲ法律ノ認容シタル行為ナリト信シタリトスルモ刑法第三十八条第三項ニ所謂法律

ヲ知ラサルモノニ該当スルモノトス故ニ人ノ看守スル邸宅ナルコトヲ認識シナカラ看守人ノ意思ニ反シ之ニ侵入スルニ於テハ仮令弁護士ノ意見ニ依リ侵入スルモ罪トナラスト告ケラレ之ヲ信シタリトスルモ畢竟刑法第百三十条ノ解釈ヲ誤リタルモノニシテ家宅侵入罪ヲ構成スルモノトス」（大判昭九・九・二八刑集一三・一二三〇〔研究〕滝川・批評一巻六五頁以下、草野・研究二巻五三頁以下、木村・志林三七巻五号九五頁）。

【135】「物価統制令違反の犯罪行為についてはその犯意の成立について違法の認識を必要としないものと解すべきであるから、たとえ同被告人について所論の事情があつたとしても、それは刑罰法規の不知に過ぎないものであつて、もとより同被告人等の罪責を左右するものではない」（最判昭二五・一二・二六刑集四・一二・二八八五）。

【136】「被告人等が甲から右事情を告げられた為め判示搾油をしても罪とならないと誤信して搾油したことは、畢竟右油糧需給調整規則を知らないため被告人等の行為に対する違法性の認識がなかつたというだけであつて、未だ以て所論のように事実の錯誤乃至非刑罰法規の錯誤により本犯罪に対する犯意が阻却せられる場合にあたるものといい得ない」（最判昭二六・三・一三判例体系三〇・一三〇一）。

【137】「犯意に違法の認識を必要とするとの前提に立つ所論であるが、当該裁判所屢次の判例とされているとおり違法の認識は犯意の要素ではなく、所論は結局刑罰法令の不知の主張に過ぎない」（最判昭二八・五・七刑集七・五・九三七）。

（ロ）にあげた判例は、いずれも「刑罰法規の錯誤だから」ないし「非刑罰法規の錯誤でないから」故意を阻却しないとしているとしているもので、刑罰法規の錯誤は故意を阻却しないが非刑罰法規の錯誤は故意を阻却するとする見解を前提としているように解しうる。

（ハ）　次の判例は、右の見解を否定する趣旨をあきらかにしているが、その点に関するかぎり妥当である。

【138】「抑々錯誤ハ従来之ヲ事実ノ錯誤ト法律ノ錯誤トニ分チ法律ノ錯誤ハ更ニ之ヲ非刑罰法規ノ錯誤ト刑罰法規ノ錯誤トニ別チ事実ノ錯誤ト非刑罰法規ノ錯誤トハ故意ヲ阻却スルモ刑罰法規ノ錯誤ハ絶対ニ故意ヲ阻却セスト解セラレタリ然レトモ

近時ニ及ヒテハ所謂法律ノ錯誤ハ即チ行為カ法律上許サレサルモノナルニ拘ラス許サレタルモノト信シタル行為ノ違法性ニ関スル錯誤トシテ解セラレ法律ノ錯誤ト雖モ其ノ錯誤シタルコトニ付過失ナカリシトキハ故意ヲ阻却シ過失アリタルトキハ情状ニ因リ其ノ刑ヲ減免シ得ルモノト解セラルルニ至レリ」（大判昭一五・一・二六新聞四五三一・九）。

（三） 判例が法律の錯誤は故意を阻却しないとする根拠――刑法三八条三項の解釈

(1) 上に引用した数多くの判例からも、判例が法律の錯誤は故意を阻却しないとする見解を基本的態度として採用していることはあきらかであろう。ところが、判例は、違法性の意識は故意の要素でないという趣旨を断定的に表明するか、単に刑法三八条三項をその実定法上の根拠としてあげているにすぎず、ほとんど、右の見解を採る理由をあきらかにしたものがない。そこで、次にあげる判例は、その理由を述べているものとして注目に値する。もっとも、【139】は、法律の錯誤につき相当の理由があるときは故意を阻却するとしたもので、いわゆる可能性説（第五説）に従ったものであるが、その判旨の前段で従来の判例の見解の理由を説明したものである。

【139】「凡ソ犯意ノ成立ニハ所謂違法ノ意識又ハ認識ヲ要セサルコト当院屢次ノ判例トスルトコロニシテ今尚之ヲ変更スルノ要アルヲ見ス蓋シ犯意ハ犯罪ヲ構成スヘキ自然的若ハ法律的事実ノ認識ニシテ斯ル認識ニシテ存在センカ責任能力ヲ有スル通常人ハ所謂違法ノ認識又ハ意識ヲモ有スヘキヲ普通トスヘク又ハ少クトモ之ヲ期待シ得ヘク然ルニモ拘ラス尚且犯意ノ成立ニハ更ニ必ス違法ノ認識又ハ意識ヲ要スルモノトセハ或ハ責任能力ヲ有シ乍ラ道義心遵法心等ニ乏シキカ若ハ悪習堕落等ニ因リ之ヲ失ヒタルカ又ハ特殊ノ思想信念ニ基ク等ノ理由ニ因リ犯罪事実ニ対スル違法ノ認識又ハ意識ヲ欠クカ如キ者ノ処罰ヲ逸スルノ虞アルノミナラス或ハ国家社会的秩序感ノ特ニ鋭敏ニシテ之カ為犯罪事実ニ対スル違法ノ認識又ハ意識ノ異常ニ深刻明確ナルカ如キ者ヲ却ツテ強キ犯意アルモノトシテ重ク処罰セサルヘカラサルノ不当ナル結果ヲ生シ従テ健全ナル通常人ノ道義的責任ヲ重ンスヘキ刑罰法規ノ目的ニ背反スルヲ以テ刑法第三十八条末項本文ハ特ニ之ヲ要セサルモノト明定シタルモノト解スヘケレハナリ」（大判昭一六・一二・一〇新判例体系（新日本法規出版会社版）刑法2・二五六ノ五一）。

【140】「被告人ハ価格等統制令第三条第一項ノ規定スル価格ト云フニハアラスニシテ被告人等同業者若干名間ニ協定シタル価格ヲ以テ販売シタリト云フニ過キス若シ当業者ニシテ斯ノ如キ協定価格ヲ以テ尚ホ規定ノ認可価格ト思惟セリト為スカ如キハ幵ハ故意ニ言ヲ構フルニアラスンハ法ノ不知ニ職由スルモノナリ其ノ之ヲ遵守シテ始メテ便益ヲ享有シ得ヘキ法ニ無関心ニシテ不知ナルノ故ヲ以テ更ニ強大ナル利益ヲ齎スヘキ理拠何処ニ存センヤ原判決カ判示ノ如ク有罪ト認定シタルハ何等妥当セサルトコロアルコトナシ」（大判昭一七・二・二三判決全集九・一八・一三）。

【139】は、責任能力者が犯罪構成事実を認識していれば、違法性の意識をもつことは通常であるから、違法性の意識を故意の要件とすれば、刑事政策上不合理な結果を招来するとしている。しかし、事実の認識があれば違法性の意識をもつことが通常であるとしても、それが直ちに判例のとる第一説の根拠とはならないであろう。事実を認識していても違法性の意識を欠くばあいがあり（これは、判例もみとめるところである）、しかも違法性の意識を欠いたことが無理からぬばあい（法律の錯誤がさけえられなかつたばあい）、責任を否定することは、刑事政策的に不合理でないばかりでなく、責任主義の要請に合致するものであろう（これは、可能性説といわれる第五説、責任説と呼ばれる第六説からの結論である）。むしろ、このばあいに、故意犯としての責任を追求することは責任主義の根本を否定することになろう。また、【140】は、法律の錯誤が故意を阻却するものとすれば、法に無関心なため法を知らなかつたものが、大きな利益をうけるとしているが、これは、法律の錯誤は故意を阻却するとする第三説（違法性の意識必要説）に対する批判としては妥当するとしても、少なくとも第五説、第六説に対する批判としてはあたらない。というのは、第五説、第六説は、法律の錯誤がさけえられたばあいは故意犯としての責任を追求し、法律の錯誤がさけえられなかつたばあいにのみ責任の阻却をみとめるものであるから、右のような不合理は招来しないからである。従つて、【140】の理由

も、判例の立場を肯定せしめるものではない。

右の判例のあげる理由からでは、判例の立場を正当づけることができないことがあきらかとなつたが、判例の採用する第一説をもう少し検討する意味で、第一説の主張にふれることとしよう。第一説は、その理由として、第一に、「法の不知は害する」(Ignorantia juris nocet)、「法律の不知は何人をも許さない」(Ignorantia legis neminem excusat) という法格言はローマ法以来の伝統であるとし、第二に、法律は他律的規範であるからその適用をうけるものがその規範の意味を知る必要がないとし、第三に、国民はすべて法を知つているはずであるとし、第四に、違法性の意識を故意の要件とすることは無罪を公認するようなもので、国家がみずからその生存権を放棄するものであり法律の錯誤を無視することは国家的必要であり国家の処罰の必要性によるものである、といつた点を主張している。しかし、第一の理由は、ビンディングによると「法の不知は害する」という原則はローマ私法の限られた範囲で適用されたもので、それを刑法に移入し法律の錯誤は故意を阻却しないという理論構成をしたのはドイツ普通法の学説、立法、判例の過誤であるとされており (Binding, Normen; B. III, 1918, S. 52 ff)、このビンディングの見解の当否は別としても、この法格言によつて第一説を根拠づけることはできないし、第二の理由は、法規範の評価規範としての性質だけを考慮したものでその意思決定規範としての性質を看過したものであり、第三の理由は、単なる擬制説であつてその擬制の根拠があきらかでないし、第四の理由は、国家の権威の一面的強調であつて個人の価値を軽視するものであつて、いずれの理由も、第一説を根拠づけるものとしては十分でない。むしろ、第一説は、すでに述べたところであるが、この説によると、行為者にとつて違法性の意識を欠いたことが不可避であつたばあいにも故意犯としての責任を追及するという責任主義の根本を否定する結果を招来するという欠陥がある。ここに、今日の学説が、第一説に反対する主な理由があるといえよう。従つて、学説の反対にもかかわらず、大した理由づけもなく第一説を採用する判例の態度は批判さるべきであろう。

(2) 法律の錯誤は故意を阻却しないとする立場に立つ判例は、刑法三八条三項をその実定法上の根拠としているが、この判例の立場から同項を解釈したものとして、次の判例がある。

【141】「刑法第三十八条第三項ニ於テ法律ヲ知ラサルヲ以テ罪ヲ犯ス意ナシト為スコトヲ得スト規定シタルハ犯罪ノ違法性ノ錯誤ハ犯意ヲ阻却セサルノ趣旨ヲ明ニシタルモノニシテ現行刑法ハ犯罪行為ノ一般違法性ノ錯誤ト犯罪行為自体ノ構成要素タル事実ノ錯誤トヲ区別シ独リ後者ノ存スル場合ニ於テノミ犯意ナシト為スモノナルコト洵ニ明瞭ナリトス」（大決大一五・二・二二刑集五・九七）。

三八条三項については、法律の錯誤に関する前述のそれぞれの見解からことなつた解釈がなされている。そのうち、同項は自然犯について法律の錯誤は故意を阻却しないとする旨を規定したものであるとする第二説の解釈、同項は故意には刑罰法規の認識を必要としないということを示すと同時に違法性の不知についての過失責任をあきらかにした規定で同条一項但書のばあいにあたるとする第四説の解釈は、いずれも技巧的すぎるという非難が加えられえよう。しかし、同項は法律の規定を知らないことは故意の成立を妨げない旨の規定であるとする第三説、第五説の解釈は、同項の解釈として文理的にもきわめて自然である。従つて、三八条三項を判例のように法律の錯誤は故意を阻却しないと解しなければならない理由はないから、三八条三項を理由に、判例の立場である第一説以外の見解を排斥することはできない。もっとも、判例のように解釈することも、同項の「法律ヲ知ラサル」を違法性を知らないという意味に解釈している点で、文字的には多少の無理がないとはいえないが、同項の解釈としては充分成り立つものである。このように、三八条三項についていろいろな解釈が可能である以上、問題は、その解釈の前提をなす法律の錯誤についての見解のいずれが妥当かという点に帰着するが、第一説が妥当でないことは前述した。なお、責任説と呼ばれる第六説に立たれる木村教授は三八条三項を、判例の解釈と同様に法律の錯誤は故意の成否と無関係であると解釈されながら、三八条一項の「罪ヲ犯ス意」を構成要件的故意と解されるところから、責任説の実定法的根拠を示されておられるが（木村・総論三一九頁参照）、これは、判例のように三八条三項を解釈しても、第一説しかとりえないというものでないことを示すものである。わたくし自身は、三八条三項はいわゆる「あてはめの錯誤」を規定したもので（この点、第三説・第五説と同旨）、この「あてはめの錯誤」は構成要件的故意の成否と無関係である旨をあきらかにしたものであると解している（諸見解による三八条三項の解釈およびその検討については、福田・違法性の錯誤二五九頁以下参照）。

(3)　三八条三項但書について、次の判例は判例の立場からその趣旨をあきらかにしている。

【142】（事実）　被告人等は腐朽によつて車馬の往来が危険となつた村有の橋について村当局に再三その架替を要請したが仲々実現しないので、人工で橋を落下させ、雪害によつて落橋したように装い災害補償金の交付を受ければ、右橋の架替も容易であろうと考え、共謀の上、右橋をダイナマイト一五本を使用して爆破損壊せしめたという事案について、原審は、被告人甲の第一審公判におけるダイナマイトを使うてこんなことをすると罪が重いということを知らなかつた旨の供述、被告人乙の原審第三回公判における、ダイナマイトを勝手に使うことが悪いこととは思つていたが、こういう重罪ではなく罰金位ですむ

ものと思つていた旨の供述を引用して、「被告人等のこれらの供述によれば、被告人等は死刑または無期もしくは七年以上の懲役または禁錮に処せらるべき爆発物取締罰則一条を知らなかつたものというべきである」と判示し被告人等の犯行の動機、性格、素行などを参酌して刑法三八条三項但書により刑の減軽をなした。最高裁判所は、これに対して次のように判示して、これを破棄している。

（判旨）「刑法三八条三項但書は、自己の行為が刑罰法令により処罰さるべきことを知らず、これがためその行為の違法であることを意識しなかつたにかかわらず、それが故意犯として処罰される場合において、右違法の意識を欠くことにつき斟酌または宥恕すべき事由があるときは、刑の減軽をなし得べきことを認めたものと解するを相当とする。従つて自己の行為に適用される具体的な刑罰法令の規定ないし法定刑の寛厳の程度を知らなかつたとしても、その行為の違法であることを意識している場合は、故意の成否につき同項本文の規定をまつまでもなく、また前記のような事由による科刑上の寛典を考慮する余地はあり得ないのであるから、同項但書により刑の減軽をなし得べきものでないことはいうまでもない」（最判昭三二・一〇・一八刑集一一・一〇・二六六三〔研究〕小野＝福田・警研三〇巻一〇号七五頁以下）。

判例の立場からすれば、三八条三項但書は右のように理解されることとなろうが、われわれは、右但書は、あてはめの錯誤の結果、違法性の意識を欠いたばあいには、違法性の意識のあるばあいよりも非難可能性が少くないから、その刑を減軽しうる旨をあきらかにしたものと解する（もつとも、違法性の意識を欠いたことが無理からぬばあいは責任を阻却するので、但書の適用のないこともちろんである）。もつとも、右の判例の事実においては、被告人等はダイナマイトによる橋の爆破行為が違法であることを意識していたのであり、ただその罰条または法定刑を知らなかつたのであるから、三八条三項但書の適用はないと解するから（第五説、第六説の結論である）、右の判例が結論として但書の適用を否定した点は賛成であるが、刑罰法令の不知を原因として違法性の意識がなかつたばあいのみに但書の適用を限つているのは正当でない。

（四） 具体的事例の検討　行為者が違法性の意識を欠いたことが無理からぬことであったかどうか、いいかえると、法律の錯誤が不可避であったかどうか問題となるような事例について、第一説の立場に立つ判例の解決を具体的事例について考察することとしよう。

法定犯においては、法律の規定の不知ないし誤解の結果、行為者が違法性の意識を欠くに至るばあいが往々あるが、こうしたばあい、その違法性の意識を欠いたことが行為者にとって無理からぬことであったかどうかが問題となりうる。

(1) 法令の発布を知りえない事情があるばあい

【143】 大正一二年の関東大震災後九月七日に暴利取締令（大正一二年勅令四〇五号）が発布せられたが、被告人は神奈川県下のある村で、同月一〇日頃、震災前一罐三円八五銭で仕入れた当時の市価一罐四円六二銭の石油四八罐を一罐につき五円一五銭で同業者甲に販売したものであるが、当時震災により交通機関が破壊されていたので、被告人の居村では同月一四日頃まで右勅令の発布を知ることができなかったから被告人には罪を犯す意がないという主張に対して、「所論勅令第四百五号ハ発布ノ即日ヨリ施行スヘキモノニ属スルヲ以テ被告人カ本件行為ノ当時該勅令ノ発布ヲ了知セス又了知シ得ヘカラサル状態ニ在リタリトスルモ苟モ同勅令ノ内容ニ該当スル行為ヲ認識シテ之ヲ実行スルニ於テハ犯意ナシト謂フヘカラス其ノ行為カ法令ニ違反スルコトヲ認識セルヤ否ヤハ固ヨリ犯罪ノ成立ニ消長ヲ来ササルモノトス然ラハ被告人カ本件犯行当時勅令ノ発布ヲ了知セサリシトスルモ其ノ勅令違反ノ行為ヲ処罰スルコトヲ妨ケス」（大判大一三・八・五刑集三・六一一）。

しかし、本件のような法定犯においては、当該行為を禁止する法令の公布を知ることが不可能な状態にあった者にとって自己の行為が違法であることを意識する可能性がなかったものといわなければならないから、その者の罪責は否定さるべきであろう。

【144】 （事実）「綿製品販売制限ニ関スル件」（昭和一三年商工省令三九号）を掲載した昭和一三年六月二九日の官報が被

告人の住居地である秋田県横手町地方に到着したのは同月三〇日午後二時頃であつたが、秋田県綿織物工業組合理事で綿織物製造販売業を営んでいた被告人は、その到着前に右省令に違反して雇人乙に命じて白地綿織物五〇反の引渡をなさしめたものである。そこで、被告人は、官報到着前、右省令の公布を知らないで行為したものであると主張した。なお、上告理由は、被告人が、二九日朝、同業者某から右省令を掲載した新聞を示されこれを読んだ事実をみとめたが、新聞は官報の代用をするものではないと主張している。

（判旨）「昭和十三年六月二十九日公布即日施行ノ商工省令第三十九号綿製品ノ販売制限ニ関スル件ハ昭和十二年九月十日公布即日施行ノ法律第九十二号輸出入品等ニ関スル臨時措置ニ関スル法律第二条ノ委任ニ基キ発セラレタルモノニシテ右省令ニ違反スル所為ハ右ノ法律第五条ニ該当スルモノナレバ右省令ノ不知ヲ目シテ非刑罰法規ノ不知ナリト為スヲ得ザルハ勿論所謂違法ノ認識ハ犯意ノ成立要件ニ非ザルモノト解スルヲ正当トスルノミナラズ原判決ガ証拠ニ基ク説明ニ依レバ被告人ハ秋田県織物工業組合理事ニシテ平素織物製造販売業ニ従事シ殊ニ当時商工省ニ綿製品配給制ノ緩和方陳情運動ニ参加シ居リタルコト及被告人ハ昭和十三年六月二十九日（右省令公布施行ノ日）午前十一時頃同省令ヲ詳細掲載シアル東京日日新聞（証第五号）ヲ同業者甲ヨリ呈示セラレタルコト明白ナレバ被告人ハ其ノ当時同記事ニ依リ同省令ノ内容殊ニ施行前ニ為シタル契約ニ依ル引渡ヲモ禁止スル趣旨ナルコトヲ知リタルモノト認メ得ベシ而シテ被告人ガ雇人乙ニ判示白地綿織物五十反ノ引渡ヲ命ジタルハ右新聞ヲ示サレタル後ニ属スルコト原判決説明ノ如クナルヲ以テ被告人ニ於テ右省令ノ内容ヲ知ラズシテ判示物品ノ引渡ヲ為シタルモノトハ到底認メ難シ尤モ公式令第十二条ニ依レバ省令ノ公文ノ公布ハ官報ヲ以テスベキコト明ナリト雖右省令第三十九号ニハ公布ノ日ヨリ施行スル旨ノ規定存スルガ故ニ苟クモ其ノ公布アリタル以上ハ縦令同省令ヲ掲載セル官報ガ被告人ノ住居地タル横手町ニ未ダ到着セザルトキト雖既ニ施行力ヲ生ジ被告人ニ於テ之ヲ遵守スベキ義務アルコト疑ナク又同省令ノ内容ヲ知ルニハ必ズシモ官報ニ依ルヲ要セザルハ言ヲ俟タザル所ナリ」（大判昭一四・二・二八刑集一八・六三〔研究〕登石・刑評二巻三四頁以下）。

本件においては、行為当時官報がまだ到着していなかつたとはいえ、被告人は、新聞によつて右省令が公布施行されていることを知つていたことがみとめられているので、被告人には違法性の意識（少なくともその可能性）はあつたということができ、この意味から右の判決の結論は正当である。しかし、官報が到着せずまた他に法令の公布を知りうる手段が全く存在しなかつたばあいには、違法性の意識の可能性もないというべきであるから、このばあいには、行為者の罪責は否定さるべきであろう。なお、同様の趣旨から、犯行時には官報は未到着であつたが、犯行前にすでに県経済部長から当該行為を禁止する旨の示達があつたばあいに、行為者の罪責を肯定した次の判例も妥当である。

【145】「右規則（繊維製品配給消費統制規則―筆者註）ハ国家総動員法第八条ノ規定ニ基ク物資統制令ヲ根拠トシ昭和十七年一月二十日公布セラレ其ノ附則ニ依リ公布ノ日ヨリ施行セラルルコトト定メラレ居ルニヨリ所論ノ如ク該規則ヲ掲載セル官報カ唐津地方ニ配達セラレタルハ同月二十二日ニシテ其ノ以前ニ於テハ被告人ニ於テ其ノ公布ヲ知ラサリシトスルモ是レ法律ノ不知ニ属シ之ヲ以テ犯意ナキモノト謂フヲ得ス原判決挙示ノ証拠ニ依レハ被告人ハ織物雑貨類ノ卸販売ヲ業トスルモノナルトコロ昭和十七年一月二十日佐賀県庁ニ於テ同県経済部長ヨリ織物類ノ卸売ニ付テモ同日以降之カ自由販売ヲ禁スル旨示達セラレ其ノ譲渡ノ違法ナル事ヲ認識スルニ至リタルニ拘ラス同日夜帰宅シタル後モ其ノ店員ニ於テ判示甲等ニ引渡ス為ニ〇通運送店ニ運送ヲ委託シタル判示物品ニ付尚同品カ同運送店ノ手裡ニ存在シ居リテ容易ニ其ノ運送ヲ中止セシムル等ノ措置ヲ講シ得ルノ状況ニ在リ乍ラ故ニ其ノ措置ニ出テサリシコト明カナルヲ以テ原判決ニハ犯意ナクシテ為シタル行為ヲ罰シタル違法又ハ所論ノ如キ理由不備審理不尽等ノ違法アルコトナシ」（長崎控判昭一七・一二・二八新聞四八二五・七）。

次の判例は、この点についての最高裁判所の判例であるが、従来の立場を踏襲し、「行為の違法を認識する暇がなかつたとしても犯罪の成立を妨げるものではない」としている。

【146】（事実）被告人は慢性麻薬中毒患者となつていたものであるが、昭和一七・八年頃塩酸モルヒネ一封度弱を入手し、これを所持しつつ、同一九年九月頃から、これを水で溶かし塩酸モルヒネ一パーセントの水溶液として自己の身体に注射して使用しはじめ、引続き同二二年三月頃まで所持しかつ使用していた。ところで、昭和二一年六月一九日に麻薬取締規則（厚生省令二五号）が公布され、即日施行されたので、原審は、右事実中、同日以降の所持および使用を、右規則違反の行為として処罰した。これに対して、上告論旨は、被告人は現実に取締法規のあることを知らずまたこれを知ることができなかつたのであるから行為の違法性の意識がなく、従つて犯意を欠いているものであると主張した。

（判旨）「新憲法下における解釈としても、違法の認識は犯意成立の要件ではないのであるから、刑罰法令が公布と同時に施行されてその法令に規定された行為の違法を認識する暇がなかつたとしても犯罪の成立を妨げるものではない。されば被告人が昭和二一年六月一九日麻薬取締規則が公布され同日以降施行されていたことについて、これを知らなかつたとしても、かかる法令の不知は未だ犯意の成立を妨げるものではないから、同日以降の被告人の判示行為に対して右規則を適用して処断した原判決は正当である。」（最判昭二六・一・三〇刑集五・二・三七四〔研究〕吉川・刑評一三巻三九頁以下）。

右の事案において、行為者は違法性の意識の可能性もなかつたであろうか。たしかに、麻薬取締規則は昭和二一年六月一九日に公布され、即日施行されたのであるから、少なくとも施行の瞬間においては、被告人にとつてその規則を知る可能性もなかつたであろう。しかし、ここから直ちに行為者に違法性の意識の可能性もなかつたとはいいえないであろう。というのは、前述したように（九一頁参照）、法定犯においても、法規違反の認識即違法の認識ではなく、法定犯においても違法性の意識は、具体的法規違反の認識とは区別された法的に許されないことの意識であるからである。もつとも、法定犯においては、法規の認識と違法性の意識とが結び付いており、法規の認識をはなれて違法性の意識がありえないばあいが少なくない。本件のばあい、行為者は、麻薬の所持が法的に許されないことを意識する可能性もなかつたであろうか。この点につき、吉川教授が「日本における麻薬類の使用・所持等の取締りは、つとに連合国の占領政策の一として取上げられ、昭和二〇年一〇月一二日は『日本における麻薬品及びその記録の統制に関する覚書』、同一一月二日には『日本におけるモルヒネ調剤の処分に関する覚書』が発せられ、これに基づいて、それぞれ『麻薬原料植物の栽培、麻薬の製造、輸入及び輸出等禁止に関する件』（昭和二〇年厚生省令四六号）および『塩酸ヂアセチルモルヒネ及びその製剤の所有等の禁止及び没収に関する件』（同年厚生省令四四号）が定められており、さらに昭和二一年五月二三日には、本麻薬取締規則制定の直接の契機となった『日本の麻薬管理のための有効な組織の設定に関する覚書』が発せられている。しかも、これらの覚書及び省令に違反する麻薬の不法所持や使用が取締られた事例も、新聞その他によってしばしば報道されていた。当時、右連合国最高司令部の覚書その他によって、国民の間に、一般に麻薬類の所持・使用等が許されないものであるということの意識は、かなり普及していたのではないかと思われる」（吉川・刑評一三巻四一一四二頁）と述べておられるような事情が存在したことはみとめうるから、本件の被告人にとって、かりに麻薬取締規則を知る可能性がなかったとしても、麻薬である塩酸モルヒネの所持・使用が法的に許されないものであることを意識する可能性はあったものといえるであろう。従って、判例が、被告人に麻薬取締規則施行当日以降同規則違反罪の罪責をみとめている結論は妥当であろう。

(2)　関係当局、それに相当する官庁の意見・態度に信頼したばあい

(イ)　警察当局の取締をしない旨の発表を信じたばあい

【147】（事実）　被告人は、他人が田打田掻施肥等をなした上稲苗を植付けたのを抜取りこれを放棄したものであるが、被告人がこの行為に出る前、警察当局は被告人に対し、争議に際し、地主と小作人とが互に稲苗を抜取り植替行為を反覆し治安を害するに至ったならば取締をする旨の警告を与えた。この警告は地主の植付けた稲苗を小作人側で抜取ることが一回にとどまったときは警察当局は何等の取締をしない方針であると解しうるものであった。被告人はこの警告から自己の行為は罪とならないと信じていた。

（判旨）「凡ソ或行為カ犯罪ヲ構成スヘキモノナルトキハ仮令警察当局ニ於テ其ノ取締ヲ為ササルヘキ旨ノ方針ヲ事前ニ行

為者ニ発表シタリトスルモ之カ為ニ其犯罪ノ成立ヲ妨クヘキニ非ス……然レハ被告人ニ於テ前掲警察当局ノ警告ヲ受ケタルニ因リ……原判示行為ヲ為スモ罪ト為ラスト思惟シタリトスルモ其ハ即チ法律ヲ知ラサリシニ外ナラスシテ之カ為ニ犯意ナシトナスヲ得サルコトハ刑法第三十八条第三項ニ依リ明カナル所ナリ又前掲警察当局ノ警告ナルモノ妥当ヲ欠クモノナルコトハ勿論ナリト雖モ而カモ之アルノ故ヲ以テ被告人ノ犯意ヲ認定シ本件犯罪ノ成立ヲ認定スルヲ妨クルモノニ非ス又仮ニ所論ノ如ク警察当局カ前例ニ反シ本件行為ニ対シ中止命令其他ノ処置ヲ構セサリシ事実アリタリトスルモ亦同シ又被告人ハ原判示行為前予メ警察当局ノ諒解ヲ得タリト云フカ如キ所論事実ハ原判決ノ決メサル所ナルモ本件犯罪ノ成立ヲ妨クルコトナキカ故ニ被告人ニ於テ事前ニ警察当局ノ諒解ヲ得タリト思惟シ依テ原判示行為ヲ為スモ罪ト為ラスト信シタリトスルモ是レ亦法律ノ不知ニ帰着シ前同様犯意ナシト為スヲ得ス」（大判昭一四・一二・一五評論二九刑法六五）。

（ロ）　検察庁の回答により適法と信じたばあい

【148】「違法の認識は犯罪構成の要件でないことは刑法第三十八条第三項によつて明であるから被告人が仮令検察庁の回答により本件の処為（白子町の住民である被告人が同町を鈴鹿市より分離する運動―筆者註）を為すことが適法なものであると確信して居たとしても事実に就て認識を有して居た以上は依然として犯罪を構成するものであつてこれを目して同条第一項の罪を犯す意なき所為と解することが出来ないことは既に学説判例の一致するところであるから此点の論旨も亦理由が無い」（名古屋高判昭二四・九・二七特三・四二）。

（ハ）　警察官の指示に従つたばあい

【149】「警察官から指示を受けて自宅に貯蔵した旨の記載あることは所論のとおりであるが、たとえ被告人において警察官の指示により自宅に貯蔵するのは許されたものと信じていたとしても、それは法令の不知であつて犯意の成立には影響がない」（札幌高函館支判昭二八・七・七特三二・八三）。

右の事案は、いずれも行為者に違法性の意識の可能性があつたかどうか、いいかえれば、違法性の意識を欠いたことが行為者にとつて無理からぬばあいであつたかどうかが問題であり、少くともこの点について詳細な検討がなさるべきものである。とくに、【148】【149】などは、違法性の意識がなかつたことが行為者にとつて無理からぬばあいと思われ、右の判例は、判例が第一説を固執しているために、不合理な結論をひき出すに至つていることを示すものといえよう。なお、大判昭一四・三・二九（刑集一八・一五八）は、統制経済法令の疑義に関する照会に対し、商工省当局がなした公文の解答を信じて行為したばあいにも犯罪の成立をみとめているが、このばあい、当局の見解を信頼しその行為を適法と信じてなしたものであるから、行為者にとつてその錯誤は無理からぬものであり、行為者に責任を負わせるのは妥当でなかろう（なお、田中・法協六〇巻六号一〇〇〇頁参照）。

(3)　法律専門家の意見を信じたばあい

【150】　被告人は該行為をなすにあたり多数の法律専門家（弁護士）に鑑定料を支払つて鑑定を依頼し、その意見が該行為は犯罪にならないとする点で一致したと確信して該行為に出でたという事案につき「原判決カ被告人甲ニ対シ認メタル事実ハ同被告人ニ於テ仮装ノ配当要求及虚偽ノ公正証書原本不実記入等ヲ為シタルコトニ付認識アル趣旨ニ外ナラサルヲ以テ縦シ同被告人ニ於テ法律専門家ノ意見ヲ徴シタルニセヨ右弁疏ハ畢竟刑法第三十八条第三項ニ所謂法律ノ不知ヲ主張スルニ帰スヘク犯意ヲ阻却スル事由ト為ラサルモノトス」（大判昭八・九・一三刑集一二・一六一九）。

【151】　被告人は、自分の後援会の解散総会を大前神社参籠所で開催する前に、遠隔の地に居住する後援会の連絡委員に交通費として金員を交付することが公職選挙法違反となるか否かにつき疑念を抱いたので、その疑念を一掃すべく、その秘書甲をして栃木市に事務所を有する乙弁護士に法律上の意見を求めさせたところ、同弁護士の意見は、後援会解散総会開催に伴い、遠隔の地より同総会に臨む会員に交通費を交付するも、違反とならないとのことであつた旨の報告に接したので、昭和三三年四月二八日に開催された総会の会場で、交通費として一定の金員を一定の者に交付したという事案について

「自然犯たると行政犯たるとを問わず、犯意の成立には違法の認識を必要としないと解すべきことは、つとに最高裁判所判例の示すところであつて、原判決挙示の関係証拠によれば、被告人には、原判示公職選挙法違反罪の構成要件たる具体的事実の認識を有していたことが明らかであるから、仮に、所論のような弁護士の意見を徴した事実があつて、違反にならないものと

信じていたとしても、それは、ひつきよう法律の錯誤にほかならないものであつて、犯意を阻却しないものといわなければならない。」（東京高判昭三四・五・二六東高裁判決時報一〇・五・二八八）。

（五）違法性の意識を必要とする判例　判例が、違法性の意識は故意の要件ではないとする第一説の立場に立つものであることは前述の通りであるが、最高裁判所の判例で、違法性の意識を故意の要件とする第三説の見解を採用したもののように思われるものがある。

【152】被告人が、法定の除外事由がないのに、連合国占領将兵等の財産であるオーバー一着、ズボン六着等を所持していたという事案につき「正当の理由なくして、連合国占領軍の物資を入手し、所持することは、占領軍の本土占領目的を阻害する行為であり、かかる物資の授受を禁ずることは、昭和二一年三月二四日連合国軍最高司令官の覚書にもとづく同年七月三〇日内務省、司法省令一号において、汎く国内に布告せられ、次で昭和二二年八月二五日同年政令一六五号によりこれが収受又は所持を禁ぜられ、これに違反するものは、わが裁判権をもつて、処罰せられることとなつたのである。本件犯行の行われたのは昭和二二年一一月であつて、その当時においては右禁令の趣旨は、国内によく周知せられ、ポツダム宣言の誠実なる遵守を誓つたわが国人民としては、ひとしく、占領軍に協力し、その占領目的を阻害することのないようにつとめなければならぬということは、すでに当時においてわが国民の常識であつたといわなければならない。しかして被告人も本件犯行の当時新聞紙の記事等からして、右の程度の認識のあつたことは一件記録上うかがわれるところである。論旨は、政令の公布後短日月なること等より当時被告人は、当該行為が法令上禁止せられているとの意識がなかつたと主張するのであるけれども、法の不知は犯罪の違法性を阻却するものでないことは、刑法の規定するところであつて、かりに、被告人が具体的に、いかなる法令によつてその行為が禁止せられているかを知らなかつたとしても、既に前段説明のごとく、その所為の反社会性についての認識のあつたことが認められる以上、その所為について、右政令違反の罪責を免れないことは、当然といわなければならない」（最判昭二四・四・九刑集三・四・五〇一〔研究〕小野・刑評一一巻一八八頁以下、滝川(春)・刑雑一巻一号一二三頁以下）。

右の判例は、故意の成立に反社会性の認識を必要とするかのような口吻をもらしている。この判例は、たとえば「法の不知は犯罪の違法性を阻却するものでないことは、刑法の規定するところ」であるといつたように、はなはだしく不当な表現を用いているが（刑法三八条三項が違法性に関する規定でないことは疑問のないところである）、つづいて「かりに、被告人が具体的に、いかなる法令によつてその行為が禁止せられているかを知らなかつたとしても」と述べているところからみれば、刑法三八条三項を法令の規定を知らなくても故意がないとすることはできないとするもの（いわゆる「あてはめ」の錯誤に関するもの）であると解しているものと推測しえよう。もしそうだとすれば、これは、故意に違法性の意識を要求する説の主張と同じであり、判例のいわゆる反社会性も、小野博士のいわれるように、判決の説示と照しあわせて考えれば「敗戦後における一時的な法秩序の要請する軌範に反すること」（小野・刑評一一巻一九二頁）を意味するものと解しうる。そこで、この判例は、故意の成立に違法性の意識を必要とする態度を示すものと理解してよかろう。しかし、このような見解に立つ判例は、この判例だけであつて、法律の錯誤に関する最高裁判所の他の判例はすべて、法律の錯誤は故意を阻却しないとする旨の見解を表明しており、この判例は全くの例外である。

なお、高等裁判所の判例のうちには、例外的に、違法性の意識を故意の要件であるとする見解をとるものと思われる判例がある。もつとも、【153】【154】は、違法の認識が未必的にあるとしたものであり、【155】は、違法の認識があつたとの証拠がないから理由不備であるとしたものである。

【153】「所論は、被告人が判示葉煙草を政府に納付せず、被告人方に残して置いたがそれは被告人が判示葉煙草を自喫することを許されたと信じて残して置いたもので、且つ斯く信ずるにつき正当な理由があつた旨主張する。しかし……全証拠資料

に徴すれば、寧ろ、被告人は、葉煙草耕作者は耕作した葉煙草全部を政府に納付すべきで、たとえその一枚でも残すことは禁じられていることを知悉していたが、判示年度が初めての耕作であり、判示葉煙草は被告人に対する収納命令以上に政府に納付した残余の葉煙草であつたから、それが本葉や芽葉ではあつたが、これを納付せず自喫してもあるいは大目に見てもらへるものと考へて自宅に蔵置したものと認むべきである。元来、犯罪の成立要件である犯意は、事実の認識とともに違法の認識を要するが、この場合違法の認識は未必的な認識を以て足るものと解すべきで、これを本件についてみるに、以上説示したように、被告人に事実の認識の外少なくとも未必的な違法の認識があつたことが認められるから、右主張は到底認容できない」（広島高判昭二五・一一・二二特一四・一五五）。

【154】「被告人等には本件行為につき違法性の認識がなく、且つそれについて何等の過失がないから犯意がない旨の主張について検討する。……の事実を綜合すると、被告人等には未必的ではあるが、違法性の認識があつたもので、ただ公取において本件行為は空白時代に対処すべき臨時的措置としてこれを黙認するものと確信していたに過ぎないと認めるのが相当である」（東京高判昭二六・二・二七、八木「刑法における法律の錯誤」より引用）。

【155】「原判決挙示の証拠たる甲、乙提出の販売始末書の記載と被告人の原審公判廷における供述とを綜合しても本件代用醤油の買受につき被告人に違法の認識があつたとの証拠は見当らないこと所論のとおりであつて原判決は畢竟挙示の証拠不充分乃至遺脱があり理由不備の違法があると言わねばならない論旨はこの点において理由がある」（大阪高判昭二五・三・七特八・八四）。

㈥　法律の錯誤につき相当の理由があるときは故意を阻却するとする判例

(1)　すでに繰返し述べたように、判例は、法律の錯誤は故意を阻却しないとする見解を、その基本的態度として採用している。ところが、われわれは、ここで、こうした判例の大勢の中にあつて、法律の錯誤につき過失がなかつたときないし相当の理由があるときは故意を阻却するとする、いわば第五説の見解に従つた一連の判例の存在に注意する必要がある。

【156】「被告人ハ昭和五年四月初旬頃甲乙ノ両名ヲ雇使シ京都府熊野郡下佐濃村字竹藤小字小島ヱ六十二番地ナル同村字竹

藤区有山林内ニ於テ自家用薪材ニ供スル目的ヲ以テ松及四ツ手等ノ雑木約五十本此ノ価格金十六円九十五銭ノモノヲ伐採セシメタルモノニシテ其ノ事実ハ被告人ノ当公判廷ニ於ケル其ノ旨ノ陳述ニ徴シ之ヲ認メ得ル所ナリトス然ルニ被告人及弁護人ハ右竹藤区有林ハ井根立林ト称シ竹藤区内ニ耕地ヲ有スル区民ハ自家ノ雑用ニ供スル為右山林ノ樹木ヲ伐採スルコトヲ得ル慣行上ノ入会権存スルモノニシテ被告人モ亦此ノ慣行ニ基キ本件樹木ノ伐採ヲ為シタルモノナレハ窃盗罪ヲ構成スルモノニ非スト弁疏スルニ付按スルニ係争竹藤区有林カ井根立林ト称シ同区民ハ其ノ耕地ニ使用スル井堰用材ヲ右山林中ヨリ伐採スルコトヲ得ル慣行ノ存在スルコトハ原審証人ＡＢニ対スル訊問調書中各其ノ旨ノ供述録取セラレアルニ徴シ之ヲ認メ得ヘキモ其ノ慣行タルヤ井堰用材ニ使用スル場合ニ限定セラレ其ノ他ノ雑用ニ供スル為ニハ其ノ伐採ヲ許ササルモノナルコト前顕各証人ニ対スル訊問調書中同趣旨ノ供述記載アルニ依リ明ナルヲ以テ被告人等弁解ノ如ク単ニ井堰用材ニ供スルニ止マラス少クトモ其ノ大部分ハ之ヲ自家用薪材ト為スノ目的ノ下ニ伐採ヲ為シタル本件ニ在リテハ其ノ慣行上ノ権利行使ヲ認ムルニ由ナキモノト云ハサルヲ得ス然レトモ（一）当審受命判事ノ証人ＣＤＥニ対スル訊問調書中ノ供述記載ニ徴スルトキハ本件小島ヱ六十二番地ノ山林ノ中被告人カ伐採シタル西方ノ部分ヲ其ノ前年タル昭和四年春頃係争井堰ニ因リテ灌漑ヲ受クル田地ノ所有者Ｅニ於テ自家用ノ為伐木シタル事実アリ当時Ｅノ母Ｄハ被告人ノ母Ｃニ対シ井根立林ノ下ニ田地ヲ所有スル者ハ其ノ樹木ヲ伐採シ得ヘキモノナレハ同山林ヲ伐採スヘキ旨ヲ勧誘シタル事実アリ被告人ノ母Ｃハ其ノ旨ヲ被告人ニ告ケ遂ニ本件伐採ヲ為スニ至リタル事情ナルコトヲ知リ得ヘク（二）同受命判事ノ証人Ｆ及同Ｇニ対スル訊問調書中ノ供述記載ニ徴スレハ小字長野区ニハ本件井根立林ニ類似セル区有林三箇所存在シ其ノ井根立林ニ在リテハ其ノ附近ノ井堰ニ因リテ灌漑ヲ受クル田地ノ所有者ハ組合ヲ設ケ其ノ組合員ノ同意承諾アル場合ニハ区有林ノ樹木ヲ単ニ井堰用ノミニ止マラス井堰用ニ支障ヲ生セサル範囲ニ於テ自家ノ建築材又ハ薪用ニ伐採スルコトヲ許サルル慣行存在セル事実ヲ看取シ得ヘク（三）然シテ本件井根立林ハ竹藤区内ニ属スルモ其ノ面積ノ最大部分ハ長野区ニ隣接スルコト（四）伐採場所時刻其ノ他ノ態様等ニ照シ自己ノ行為カ盗伐ニ当ルコトヲ認識シタルモノト認ムルニ足ラサル事等ノ事情ヲ綜合シ一面本件ニ在リテハ被害者竹藤区ニ於テ毫モ被告人ノ所為ヲ問責シタル事迹ノ観ルヘキモノナキ点其ノ他諸般ノ事情等ヲ参酌シテ考量スルトキハ被告人ハ本件竹藤区有林ヲ伐採スル当時井堰修繕用材ニ不足ヲ生セシメサル範囲ニ於テ本件井根立林ヲ自家用ノ為ニ伐採スルコトハ竹藤区ノ認許スル慣例ニシテ差支ナキモノト誤信シタルモノニシテ之ニ付相当ノ理由アリタルモノト認ムルヲ得ヘク従テ被告人ノ本件行為ハ罪ヲ犯ス意ニ出テタルモノト為スヲ得サルカ故ニ窃盗罪ヲ構成スヘキモノニ非ス叙上ノ理由ニ基キ刑事訴訟法第三百六十二条ニ則リ被告人ニ対シテハ無罪ノ言渡

ヲ為スヘキモノトス」（大判昭七・八・四刑集一一・一一五三〔研究〕草野・研究一巻四四頁以下）。

【157】　判旨は傍論ながら、慣行に従いその場所で漁業してもよいと信じたという主張に対して「自己ノ免許漁場以外ノ場所ニ於テ漁業ヲ為スノ権利ヲ有セサル者ト雖諸般ノ事情ニ照ラシ右漁業ヲ為スコトハ慣習上認メラレタル行為ナリト誤信シ之ニ付相当ノ理由アル場合ニ在リテハ犯意ヲ阻却スルコトナキニ非ルモ本件記録ニ依レハ被告人カ本件犯行当時免許漁業権者タル合同漁業株式会社ヨリ其ノ漁場ヲ賃借シ居タルコトヲ認メ難キノミナラス被告人カ所論ノ如キ慣行ニ従ヒ判示場所ニ於テ漁業ヲ為スモ差支ヘナキモノト誤信シタルニ付相当ノ理由アリト為スヘキ何等ノ事跡ナキヲ以テ被告人ニ罪ヲ犯スノ意思ナカリシモノト為スヲ得ス」（大判昭九・二・一〇刑集一三・七六〔研究〕滝川・判決批評一巻五七頁以下）。

【158】　「被告人甲ハ従来乙ヨリ賃借セシ家屋一棟ヲ示談契約ニ依リ乙ニ明渡スコトヲ約シ昭和七年七月下旬之カ明渡ヲ完了シ爾来乙ニ於テ空屋ノ儘戸締ヲ為シ其ノ雇人丙ヲシテ看守セシメ居リタルトコロ被告人甲ハ右示談契約ニ不満ヲ懐キ原審相被告人丁ト共ニ弁護士ニ対シ右事情ヲ告ケ前記家屋ニ侵入シテ元通リ営業ヲ為スコトノ可否ヲ問ヒタルニ弁護士ハ被告人等ニ対シ右示談契約ハ其ノ成立ニ付乙側ノ者及其ノ委任弁護士ノ為詐欺及強迫アリタルヲ以テ詐欺ノ点ニ付要素ノ錯誤アル為無効ナリ仮ニ然ラストスルモ強迫ノ点ニ付右契約ヲ取消スコトヲ得ヘク内容証明郵便ヲ以テ右示談契約無効ノ通告及取消ノ意思表示ヲ為ストキハ被告人甲等ニ於テ該家屋ノ看守人ノ承認ヲ得ス其ノ意思ニ反シテ右家屋ニ侵入シ営業用什器等ヲ搬入シテ元通リ営業ヲ為スモ法律上差支ナキ旨ノ回答ヲ得タルヲ以テ被告人甲丁ハ乙側ノ者ノ看守スル前記家屋ニ其ノ看守人ノ意思ニ反シテ侵入シ元通リ営業ヲ為スコトヲ決意シ又一方被告人戊ニ其ノ情ヲ告ケ三名共謀ノ上同年九月十九日夕刻内容証明郵便ヲ以テ乙等ニ対シ右示談契約無効ノ通告及取消ノ意思表示ヲ為スヤ被告人戊指揮ノ下ニ貨物自動車四台ニ雇人傭人夫等二十余名並営業用什器等ヲ積載シ被告人甲等ハタクシー三台ニ分乗シテ執レモ右家屋ニ到リ右雇人傭人夫等ヲシテ右家屋表入口ノ戸締ヲ開キ屋内ニ右什器等ヲ搬入セシムルト同時ニ被告人甲戊等ハ共ニ同家屋ハ乙側ノ者ノ看守スルモノナルコトヲ認識シナカラ其ノ看守人ノ意思ニ反シテ故ナク同日午後十一時該家屋ニ侵入シタルモノナリト云フニ在リテ該事実ハ原判決引用ノ各証拠ヲ綜合スレハ優ニ之ヲ認メ得ヘク被告人等ニ於テ右家屋看守人ノ承諾ヲ得ス其ノ意思ニ反シテ侵入スルモ法律上差支ナキ旨弁護士ノ意見ニ遵ヒ叙上ノ如ク侵入シタルハ即チ弁護士及被告人等ニ於テ畢竟刑法第百三十条ノ解釈ヲ誤リタルモノト謂ハサルヲ得ス尤モ原判示ニ依レハ右弁護士ニ於テ更ニ叙上示談契約カ詐欺又ハ強迫ニ依ル瑕疵アルモノナレハ右契約無効ノ通告及取消ノ意思

表示ヲ為スヘキ旨告ケタルヲ以テ被告人等ニ於テ之ヲ信シタルカ如キモ斯ル瑕疵アル示談契約ナランニハ須ラク国家機関ノ保護ヲ仰クヘク自主救済ヲ為スヘキモノニ非サルコト法律秩序ノ観念ニ照シ疑ナキヲ以テ犯意ヲ阻却スヘキ相当ナル理由ヲ欠如スルモノト謂フヘシ」（大判昭九・九・二八刑集一三・一二二三〔研究〕滝川・批評一巻六五頁以下、草野・研究二巻五三頁以下、木村・志林三七巻五号九五頁以下）。

【159】「縦シ被告人等ニ於テ右背任行為ニ出ヅルモ差支ナシト信ジタリトスルモ、是レ行為ノ違法性ニ関スル錯誤ニシテ、其ノ錯誤シタルコトニ付相当ノ理由アリタルコトヲ認メ難キ本件ニ在リテハ、背任ノ故意ヲ欠キタルモノト為スベカラズ」（大判昭一三・一〇・二五刑集一七・七三五〔研究〕日沖・刑評一巻三五八頁以下）。

【160】「所謂法律ノ錯誤ハ即チ行為カ法律上許サレサルモノナルニ拘ラス許サレタルモノト信シタル行為ノ違法性ニ関スル錯誤トシテ解セラレ法律ノ錯誤ト雖モ其ノ錯誤シタルコトニ付過失ナカリシトキハ故意ヲ阻却シ過失アリタルトキハ情状ニ因リ其ノ刑ヲ減免シ得ルモノト解セラルルニ至レリ」（大判昭一五・一・二六新聞四五三一・九）。

【161】「犯罪構成事実ヲ認識シタル者ト雖モ該犯罪構成事実ヲ実行スル権能若ハ権利アルト誤信シ又ハ法律上該犯罪ノ成立ヲ阻却スヘキ原由タル事実ノ存在ヲ誤認シ而モ其ノ誤信ニ付相当ノ理由アリト認メラルルカ如キトキニハ何人ニ対シテモ、当初ヨリ違法ノ認識又ハ意識ヲ全然期待シ得サル場合ニシテ其ノ者ノ認識又ハ意識ニ道義上何等非難スヘキモノアルヲ見サレハ犯意ヲ阻却シ罪ヲ犯スノ意ナキモノト解スルヲ相当トスヘク是亦当院判例カ夙ニ同一結論ヲ採用スルトコロトス」（大判昭一六・一二・二〇新判例体系（新日本法規出版会社版）刑法2・二五六ノ五一）。

【162】「公定価格ノ制定セラレタルコトヲ知ラサル右部隊経理部当局者ノ要請アリタルトスルモ其ノ一事ハ被告人ニ於テ右公定価格超過販売行為ヲ法律上許サレタルモノト信スルニ付テノ相当ナル理由ト為スニ足ラサルニヨリ、被告人ニハ結局犯意アリタルモノト認メサルヲ得ス」（長崎控判昭一八・三・四新聞四八四〇・五）。

【161】は、判例がいわゆる可能性説を採用する理由を示したものとして注目に値するものであるが、その理由づけ自体は、可能性説を基礎づけるのに十分なものとはいえない。なお、具体的事案の解決として、【156】が故意の阻却をみとめ、【162】が故意の阻却を否定しているのは妥当であろうが、【157】【158】

が錯誤につき相当の理由がないとして故意の阻却を否定しているのは、なお、若干の疑問が残る（なお、瀧川・批評一巻六四—六五頁、七四頁参照）。

もつとも、法律の錯誤につき過失がなかつたときないし相当の理由があつたときは故意を阻却するとする見解を採用している判例は右にあげた判例にとどまり（従つて、【161】が大審院判例が夙に同一結論を採用しているとしているのは正当でないこともちろんである。前述したように、大審院判例の主流は、法律の錯誤は故意を阻却しないとする見解を採用しているものである。なお、第五説の見解を採る下級審の判例として、宇都宮地判昭一五・八・九新聞四六二〇・一五、東京地判昭一六・四・五新聞四七〇六・一二、函館区判昭一五・二・一六新聞四五三七・五、東京地判昭一七・九・一六新聞四八〇九・一八等がある）、その後の判例において、法律の錯誤は故意を阻却しないとする見解を固執するに至り、最高裁判所もこれを踏襲していることは前述した。

しかし、われわれは、これらの判例が、判例がその基本的態度として固執している見解によれば、違法性の意識を欠いたことが行為者にとつて無理からぬばあいにも、故意責任を追及しなければならないこととの不合理性を、具体的事案の解決を通じて感じとり、ここから責任主義をつらぬこうとする意図があつたことをみとめるものである。ところで、こうした具体的事案の解決に妥当な結論を出そうとする態度は、実は古く、前掲の「むささび・もま事件」（【78】）、「むじな・たぬき事件」（【77】）の判例に見ることができる。すでに、一言したように、右の両判例はほぼ同じ狩猟法違反の事案について、一方は有罪をみとめ、他方は無罪を言渡している。わたくしは、その理論構成において、両者は相矛盾するものであることを指摘したが、その結論において両者は相矛盾せず妥当な解決であつたと考える。すなわち、両事件において、いずれも「事実の認識」については欠くるところはないのであつて、両者において問題とされるのは、いわゆる法律の錯誤であるが、「むささび・もま」事件においては、「むささび」がその地方で「もま」と俗称されていたとしても、むささびの形状はひろく一般に知られているところで「もま」がこれと同一物であることを知るのは当然であるから、違法性の意識の可能性があり、従つて故意犯としての責任を阻却せず、「たぬき・むじな」事件においては、「むじな」が「たぬき」と別物であることは古来の常識であるので「むじな」を「たぬき」と別物と誤信したのは無理からぬことであるので、違法性の意識の可能性がなく、従つて故意犯の責任を阻却すると解すべきであろう（団藤・綱要（総論）二三七頁参照）。この結論は、第五説および第六説からの結論であるが、両判例の結論と一致する（なお、第五説、第六説は結論的に一致するが、理論構成がことなることに注意すべきであろう。第五説は、「むささび・もま」事件については故意の成立をみとめ、「たぬき・むじな」事件については故意を否定するが、第六説は、両者のばあいに故意（構成要件的故意）の成立をみとめ、ただ前者のばあいは故意犯としての責任を阻却しないが後者のばあいには責任を阻却するとする）。すなわち、「むじな・たぬき」事件の判例は、具体的事案の解決にあたつて、判例の立場である第一説からの結論が不合理であることをみとめたが、ここで第一説を反省しこれを放棄するに至らないで、第一説に拘泥し、問題を「事実の認識」の問題にすりかえて、具体的事案の妥当な解決をはかつたものであつて、ここに、法律の錯誤がさけえられなかつたばあいには責任を阻却するとする結論を実質的に肯定したものと考える。そして、こうした解決は、やがて、右にあげた一連の判例によつて、理論的にみとめられるようになつたのであるが、これらの判例は、法律の錯誤の問題についての正しい解決の方向と合致するものであつた。

ところで、わが刑法改正事業も第一説から生ずる不当な結論、すなわち、法律の錯誤が不可避なばあいにも、故意犯としての責任を追及しこれを処罰するという結論を回避しようとする方向を採つている(ドイツ刑法改正諸草案にも同様の傾向がみられるし、また、スイス刑法(一九三七年)、最近の立法であるギリシャ刑法(一九五〇年)は同趣旨の規定を設けている)。　すなわち、大正一五年一一月議決答申された刑法改正綱領は、「法律ノ錯誤ニ因ル行為ハ情状ニ因リ刑ヲ減免スルコトヲ得ヘキ規定ヲ設クルコト」(二五項)とし、情状により、おそらく法律の錯誤が不可避であったばあいに、刑を免除しうる規定を設けることを提案しており、刑法改正予備草案(昭二年三月)は、右の綱領の線に沿って「法律ヲ知ラサルヲ以テ故意又ハ過失ナシトスルコトヲ得ス但シ情状ニ因リ其ノ刑ヲ減軽又ハ免除スルコトヲ得」(九条三項)と規定している。この規定によって、少なくとも法律の錯誤が不可避なばあいにも処罰しなければならないという不適当な結論は回避しうるが、次いで発表された改正刑法仮案(昭一五年三月)は「法律ヲ知ラサル場合ニ於テ自己ノ行為カ法律上許サレタルモノト信シタルコトニ付相当ノ理由アルトキハ其ノ刑ヲ免除ス」(一一条二項)と規定して、法律の錯誤につき相当の理由があるときは常に刑を免除することとしている。仮案が、法律の錯誤につき相当の理由があったばあいにも、なお犯罪の成立をみとめ、単に刑の免除をみとめているにとどまっている不徹底は仮案発表当時から多くの学者によって批判され、「之ヲ罰セス」とすべきであるとされていることは周知のところであるが、仮案によって、ともかく、第一説の不適当な結論は回避されている。ところが、今次発表された改正刑法準備草案(昭三五年四月)は「自己の行為が法律上許されないものであることを知らないで犯した者は、そのことについて相当の理由があるときは、故意にしたものとはいえない」(二〇条二項)と規定して、右にかけた一連の判例の立場、すなわち第五説の見解を肯定している(準備草案が第五説と実際的結論が同じである第六説を排除するような規定の仕方をしていることが妥当でないことについて、木村・改正刑法準備草案の総合的検討(法律時報七月号臨時増刊六一頁、福田・法律のひろば一九六〇年八月号二四頁以下参照)。

このように、刑法改正の方向に合致した前掲の一連の判例の見解は、その後の判例によつて否定され、大審院は、法律の錯誤は故意を阻却しないとする見解を固執するに至つたことは、前述の通りである（団藤教授は、こうした判例が崩れ去つた理由を「おそらく戦時中における司法の厳格化の傾向に乗つて」とされておられる（団藤・綱要（総論）二三七―二三八頁））。

ところで、最高裁判所は、右の大審院判例の見解を踏襲したが、その態度を最初に表明した判例（最判昭二三・七・一四刑集二・八・八八八）においても、ただ「それは単なる法律の不知に過ぎないのであつて、犯罪構成に必要な事実の認識に何等欠くるところがないから、犯意があつたものと認むるに妨げない」と述べているだけで、法律の錯誤（不知）は故意を阻却しないということを自明のこととしており、また、その後の判例は無雑作に右の判例に従つているだけであるが（理由を述べているのは、最判昭二六・二・一五刑集五・一二・二三五四における斎藤裁判官の補充意見があるだけである）、このような態度は、戦後、わが国における最高の裁判所として発足した最高裁判所の態度としては、はなはだしく物足らないものといわなければならないであろう。ことに、同じように、戦後、西ドイツの最高の裁判所として発足した連邦裁判所が、法律の錯誤についての問題の解決にあたり、旧大審院の判例をそのまま無批判に踏襲するという安易な態度をとらず、責任の本質についての反省から、過去数十年にわたりドイツの刑事司法を支配した旧大審院の見解を責任原則に矛盾するとしてこれを否定し、いわゆる責任説を採用した態度と比べて、その感を一層深くする（連邦裁判所の判例について、牧野・刑政新一巻三号七頁以下、同四号四五頁、同二巻一号三九頁、牧野・警研二四巻四号三頁以下、佐伯・刑事裁判と人権二三六頁以下、高田・法と政治三巻四号五九頁以下、福田・違法性の錯誤九六頁以下参照）。

(2)　なお、ここで、われわれは、最高裁判所が、前述のように、法律の錯誤は故意を阻却しないとする見解を採つているにもかかわらず、高等裁判所の判例の中に、いわゆる可能性説（第五説）の見解を採用しているものが散見することに注意する必要があろう（以下にあげる判例のほか、この見解に立つと思われる判例として、広島高松江支判昭二五・五・八特七・一五、仙台高判昭二五・一一・二五特一四・一九二、仙台高判昭二七・九・二〇特二二・一七二。なお、最後の判例は具体的事案の解決として違法性の意識の欠如につき過失がないことを理由に故意の阻却をみとめている）。

第五説の見解を採る理由を示す判例として

【163】「凡そ犯意がありとなすためには犯罪を構成する事実即ち侵害行為をすることについての認識があれば少くとも通常健全な常識ある人にはかかる行為をすることが違法であること、即ち所謂違法の意識を有するのが普通であり又これを期待できるのであるから、それをもつて足りその他に特に違法の意識という別個の意識を必要とするものでないと解するのが相当であるけれども、当該具体的事実が客観的には犯罪構成要件に該当し法律上許されないものであつても、行為者がその事実を法律上違法でない許されたものと誤信し、而もその誤信したことについて相当の理由があつてその者に過失の認むべきものがない場合には、何人に対しても当初から違法の意識を全然期待できない筋合であつてその行為者の意識に道義上非難すべき点を見出し難いのであるから、その者については犯意を阻却し罪を犯す意思のないものと解するのが相当である」（東京高判昭二八・九・九特三九・九六）。

【164】取締法違反の罪に関して「取締法違反の罪はその法令により、特に犯罪を構成するものであつて一般刑法犯の如く吾人の社会通念上既に違法性を有するものと異なるから、該法令の不知は刑法第三十八条第三項に所謂法令の不知として一概に論断することのできない性質のものである。然し取締法令と雖も之を公布するに際つては官報その他により一般に周知せらるべき状態におかれるものであるから、これが単純な不知はその者にとつて過失ありといわなければならない。従つて斯る場合は勿論単純な法令の不知として罪責を免れることができないが、これに反する場合即ち被告人において相当な注意義務を払つたに不拘、尚之を知ることができなかつた場合は寧ろ事実の錯誤に準じて犯意を阻却するものと解しなければ、社会通念に反する結果となるに至るであろう」（名古屋高判昭二五・一〇・二四特一三・一〇七）。

【163】は、前掲の大審院判例（【161】）の理由づけをそのまま踏襲したものである。【164】は、取締法違反罪について、相当の注意義務を払つたにもかかわらず法令を知ることができなかつたばあいに犯意を阻却しないとすれば社会通念に反するとしているが、こうしたばあいにおける第一説の立場からの結論

の不合理を指摘した点は妥当である。しかし、違法性の意識を欠いたことが無理からぬばあいに故意犯としての責任を追及することは責任原則に反するものであり、これは取締法違反罪ばかりでなく刑法犯においても妥当するところであるから、右の判例が、取締法違反罪についてだけいわゆる可能性説を肯定しているような印象を与えるのは不徹底であるし、また、右の判例は、相当な注意義務を払つても法令を知ることができなかつたばあい故意を阻却するとしているが、たしかに、取締法違反罪においては、法令の認識と違法性の意識とが密接に結び付いていることが多いので、相当な注意義務を払つても法令を知ることができず、そのために違法性の意識を欠き、それが無理からぬばあいが多いが、常にそうとはいえず、法令を知りえなくても違法性の意識の可能性があるばあいもありえ、こうしたばあいには責任非難が可能であるから、違法性の不知（錯誤）でなく法令の不知（錯誤）が不可避なばあいには故意を阻却するとしているのは、正確ではない。

次に、この立場に立つ判例が、どのようなばあいに故意の阻却を否定し、どのようなばあいに故意の阻却をみとめているかを考察することとしよう。

（イ）　具体的事案について故意の阻却を否定した判例

【165】「被告人は原審第一回公判廷において、裁判官の問に対し、黒砂糖の価格統制が外されたことを新聞紙上で知り、自由に売買できるものと思つて取引したものである旨を述べているのではあるが、原判決が同供述を証拠としない趣旨であることは、判文の趣旨自体から明白であり、事実上黒砂糖の価格統制が撤廃される以前に果してその撤廃の記事が新聞紙上に掲載された事実があるかどうか極めて疑わしいのみならず、仮りに誤つてそのような記事が掲載され、被告人においてそれを信じた事実があつたとしても、新聞記事は往々にして、事実を誤まり伝えることもあることは、社会生活上時折経験されるところ

であり、新聞紙上の誤まつた記事を信じたという一事を以て、直ちに被告人に価格違反の犯意がなかつたものと断ずるのは相当でない、価格統制の撤廃を信ずるについて社会生活上合理的な事由の認められない本件において被告人の犯意を是認した原判決は相当であつて、論旨は理由がない」（福岡高判昭二六・一・一六刑集四・一・六）。

【166】「群馬県知事選挙が昭和二十七年八月二日施行され、A、B、Cの三名が立候補したのであるが、競争烈しく公明選挙のかけ声にもかかわらず相当の選挙違反が各所に発覚し被告人の居住する伊勢崎市においては、C派の違反が相当明らかであつて市会議員の半数以上がそのため取調を受け、期日の切迫と共に新聞紙上にC候補者自身の逮捕も免れないような趣旨の記事も出で殊に反対派であるB候補者を支持している被告人等の仲間の者の間ではこれを採り上げC候補を逮捕せよとの声もさかんであつたところ、右選挙の前日頃には伊勢崎市のみならず各所で右C候補遂に逮捕さるとの情報が流れ出した。……被告人等が単に自己の支持するB派の関係者に連絡したのみでいわばその一方的情報を間違いなしと判断し、殊に被告人においては伊勢崎市選挙管理委員会においてかかる発表をしたことのないのにかかわらず、自らその発表なりとしてC候補の逮捕を宣伝しているが如きは軽卒の行動であつて仮り被告人自らにおいてC候補の逮捕を真実と信じていたとしてもその誤信について過失の責を負わなければならない言動であると解すべきである。いやしくも通常人の正常且つ健全な常識をもつておるものであれば、かかる場合その当該者であるC派の関係者に照会すること又は関係官憲に問い合せることは憚かるとしても、A派なり公平な新聞等の報道機関に一応念のため照会することは当然考えつくことであり、又時間的にその余裕があることは前記認定のような甲医師宅における経過からみても察せられるところである。然らば以上によつて被告人にはC候補が逮捕されたと誤信したのについて相当の理由があるものと認められないし又その他これを認むべき事跡を窺うに足る証左はないから、被告人には犯意を阻却するに足る事由は存しないものといわねばならない」（東京高判昭二八・九・九特三九・九六）。

【167】（事実）　被告人は、政治団体である九州中部たばこ販売政治連盟佐伯支部長として本件文書を頒布することは公職選挙法違反になりはしないかと疑問を抱き、本件文書の推薦する衆議院議員候補者Aの秘書Bに合法かどうかの調査を依頼した。ところが、Bは、さらに同候補者の秘書Cに佐伯市選挙管理委員会に行つて問い合わせるよう命じ、Cは、右委員会に委員長Dを訪ね、二種の本件文書の原稿を示し、公職選挙法により許された一五・〇〇〇枚を超えて政治団体として頒布するものとして合法かどうか尋ねたところ、Dは、政治団体として届出すれば本件文書をたばこ販売協同組合員に頒布することは差し支えない旨答えたので、Cは、これをBに報告し、Bは、被告人に選挙管理委員会に問い合せたところ差し支えないとのこ

とであつた旨答えた。そこで、被告人は、本件文書を頒布することは合法であると確信して、頒布したものである。

（判旨）「構成要件に該当する具体的事実を認識していた以上、右事実についての刑罰法令を知らなかつたからといつて、故意（犯意）がなかつたとはいえない。しかし右事実についての刑罰法令を知らずしたがつて違法性の認識を欠くについて、なんらの過失のない場合あるいは相当の理由がある場合があるのであつて、このような場合には故意があるとすることは相当でないから、故意がないものとしなければならない。そして、単純に刑罰法令を知らなかつたからといつて、過失がなく相当の理由があるとはいえないが、構成要件事実を実行する権利を有すると誤認したり、法律上犯罪の成立を阻却すべき客観的事実の存在を誤認した場合には、右誤認に過失がなくあるいは相当の理由がある場合がある。そこで、本件についてみるに、原審および当審において取り調べた証拠によつて考察すると、被告人は、所論のようないきさつで本件文書を頒布するに至つたものであることを認めることができるが、(一)佐伯市選挙管理委員会委員長Dは公職選挙法も検討せずに回答するというずさんな回答をしたのであるから、合法かどうかを真剣に心配して被告人が自ら行つて問い合せたなら、あるいはDの誤つた回答を正しえたかも知れないこと、(二)しかも被告人は本件文書による被推薦候補者の秘書に問い合せ調査を依頼しているのであつて、右秘書から選挙管理委員会に問い合せたところ差し支えない旨の回答をえてはいるが、このように被推薦候補者の秘書に問い合せることは間違いが生じやすいものであること、(三)被告人は公職選挙法その他の関係法令を検討していないこと等をも認めることができるのであつて、右諸事情を考慮すると、被告人が本件文書頒布の違法性の認識を欠いたことに過失がなくあるいは相当の理由があるとはいえないので、被告人に故意がないとすることはできず、被告人は処罰を免れない」（福岡高宮崎支判昭三四・九・一一下級刑集一・九・一九〇〇）。

右の事例において【165】【166】が、それぞれ、錯誤につき社会生活上合理的な事由ないし相当の理由がないとして故意の阻却を否定しているのは、具体的事案の解決として妥当であると考えるが、【167】が錯誤につき相当の理由があるとはいえないとして故意の阻却を否定しているのは疑問である。このばあい、むしろ相当の理由があつたといえるのではなかろうか。

（ロ）　具体的事案について故意の阻却をみとめた判例

刑事犯に関する判例として

【168】　被告人は自分の畑からこんにやくだまが窃取されるので、ある夜、その盗難を防ぐため、家族の者と見張中、深夜こんにやくだま窃取の目的でその用具を携え畑道を通つて右畑に近づき、人の姿をみとめて逃げ出した者のあるのを知つて、これを追いかけて捕え同人の背負つていた籠につけてあつた藁縄で同人の手足をしばり、直ちに実弟に連絡して右の事実を警察署に届け出させ、そのまま警察官が来るまで現場で待ち受けていたのであるが、このばあい被告人は右の者（A）を窃盗の現行犯人と信じてこれを逮捕し、自己の行為を法律上許されたものと信じていたという事案につき「Aの行為は、窃盗の実行の著手には達せずその予備の段階にあるものと言わなければならない。そして、窃盗の予備は、犯罪とはされていないのであるから、被告人の本件逮捕行為は、現行犯の逮捕と解することはできない。しかしながら、犯罪の実行の著手をいかに解するかは、極めて困難な問題であつて、専門家の間においても説が分かれ、本件のような事案についてかかる著手の有無を判断するにあたつては、当然に相反する見解の生ずることが考えられるものであるから、たとえ被告人の現認した事実が前説示によれば未だ窃盗の実行の著手とは解し得ないものであつたとしても、普通人たる被告人が、前記のような経過のもとに自己の畑のこんにやくだまの盗難を防ぐため見張中、深夜右こんにやくだま窃取の目的でその用具を携えて右畑に近づき、人の姿を認めて逃げ出したAを前叙のように窃盗の現行犯人と信じて逮捕し、直ちにその旨を警察署に通報して警官の来場を待ち、自分の行為を法律上許されたものと信じていたことについては、相当の理由があるものと解されるのであつて、被告人の右所為は、罪を犯すの意に出たものと言うことはできない」（東京高判昭二七・一二・二六刑集五・一三・二六四五）。

【169】　「原審及び当審に於て取調べた証拠を精査し弁護人の援用する事実を仔細に検討すると被告人甲に対する事案は、同被告人が昭和二十四年二月から同年三月三十一日までの間に乙、丙と共謀して出張命令簿等文書上に於て事実は職員を出張させないのに、恰も出張させた如く虚偽の記載をして、その旅費名義で前渡資金合計五十二万千六百六十九円九十銭を不法に払出して、その当時内二十四万円を部下職員に分配してその給与の実質的向上を図り、内二十六万円位を徳島食糧事務所の会議費、来客接待費等に充当支払つたというのであつて、この事実は同被告人も争つて居らず証拠の上からも認められるのであるが、（1）当時はインフレ昂進時であり職員の給与の実質的向上を図かる必要に迫られていたのである。（2）当時は労働攻勢熾烈であつてその要求（空出張による生活資金補給の要求）を無下に排斥し得ない情勢にあつた。（3）昭和二十三年十月頃特別手

当、同二十四年二月頃交通手当等を空出張によつて支給した実例があつて、これは本庁（食糧管理局）の諒解の下に全国的に行われた。この際当然出張命令簿、決議書の虚偽記載が行われたのである。（4）被告人甲が昭和二十四年二月食糧管理局経理課長Aに会い、この空出張の要求について問いただしたところ同課長はこれを制止せず唯会計法により自分でやれと答えた。被告人甲はこの答を地方で適当にやれという風にとつたのである。（5）接待費関係については徳島食糧事務所には予算として所謂食糧費（交際費、来客接待費に充当せられるもの）の割当なく来客の接待には困つていたのである。殊に昭和二十四年初頃からは来客が多くなつた。（6）同年二月中旬頃の会計検査官に対する接待については検査官に同行して来た本庁の係官からも粗末な待遇はしないようにとの注意があつた。そして同検査官のために催した宴会にも係官は加わつていた。以上（1）乃至（6）の事実を彼此考慮すれば被告人甲の前記所為は、いずれも上級官庁（食糧管理庁）から黙認せられたものと信じ、黙認せられたのだから差支ないものと信じて行つたものであり、黙認せられたと信じ黙認せられたのだから差支なしと信じたことは通常の一食糧事務所長としては無理からぬ特別の具体的事情があつたものと認められるのである。故に被告人甲の本件行為は客観的には違法ではあるが右のような錯誤によつて違法性を意識しなかつた点に於て相当の理由があり従つて故意の責任は阻却せられたものと解すべきであるから犯罪は成立しない」（高松高判昭二九・八・三一 高裁特報一・五・一八二）。

【168】が、法律の錯誤につき相当の理由があるとして故意の阻却をみとめているは妥当であるが、【169】が被告人の錯誤につき相当の理由があるとしているのは若干疑問が残る。

行政犯に関する判例として

【170】「原裁判所が取調べた証拠を綜合すれば、被告人が本件公訴事実記載の参議院議員選挙に際し、昭和二十八年四月十八日『拝啓参議員改選に当り全国区より立候補することになり左記の如く事務所を開設致しました先は御知らせ申上げます昭和二十八年四月十八日三重県宇治山田市本町一七五番地たばこ小売人A方（全国専売政治連盟推薦）B選挙事務所電話八八三番』と謄写版ずりで記載した葉書を選挙人C等約三十名に郵送頒布したことを認めることができる。……被告人が右文書を郵送頒布するに至つた事情を考察するに、原審証人D同E同F及び証第一乃至第四号によれば、被告人は昭和二十八年四月十一日全国専売公社労働組合三重支部山田分局書記長に就任したところ、前任者たるGより右組合事務の引継に際し、右選挙に

全国専売事業政治連盟の推薦候補Bの選挙事務所開設及び選挙運動に関する事務をも併せ受けつぎ、之等の事務を執つている中、右連盟本部から同支部宛に送付された、選挙事務所開設の通知連絡についてと題し、凡例として前示謄写版ずり記載と同じ文案を掲記し、選挙事務所開設に際しては当該支部、分会はその地区の有力者はじめ関係友誼団体宛右文案の事務所開設の通知書を発送せられたい旨指令し、而も右文案の通知書は文書図画の配布ではなく、連絡上必要により唯単なる選挙事務所開設の通知書である旨の註さえ添書された文書（証第一号）を発見したので、被告人は之を合法的のものと信じ、Dをして葉書に右文案を謄写印刷させ之を前示たばこ小売人等に郵送頒布して右指令通りの扱をしたに過ぎないものであることを認めることができ、右の如き形式内容に作成された文書であること、被告人が選挙運動に経験がなかつたこと、その他諸般の事情を参酌して考慮すれば、仮令所論の如く被告人がインテリであり、相当常識を備えた通常人以上の水準に属する人物であるとしても、前示文書を郵送頒布することは選挙法上認容されておるものと誤信したものと認定した原審の判断は相当で右の如く誤信するにつき相当の理由があつたものと認めることができるが故に、被告人の右行為は犯意なきものといわねばならない」（名古屋高判昭二九・七・二七高裁特報一・二・九三）。

【171】「保健所は一貫して診療所などに対する監督権について法的根拠を有するのみでなく、被告人も亦当時保健所にその権限あるものと信じ、届出について指示を仰ぎ、その結果分割移転の諒解を得たので、移転完了の上届出をなすとも法律上差支えないものと信じたというにあるから、被告人がかく信じたことについて何等の過失の責むべきものもなく、又かく信ずることについて正当の理由がある場合に該当するから被告人には違法の認識なく、犯意を阻却するものである」（広島高岡山支判昭三二・八・二〇高裁特報四・一八・四五六）。

【172】「被告人が再審の請求をした場合には地方公務員法第五十条第二項の指示に従う必要がないものと解したことは、該処分の効力に関する法規の解釈を誤つたものではあるが、この誤解は単に被告人の主観によるものではなくて、右判定及指示を発したところの北谷村公平委員会の解釈に則つたものであり、同委員会より被告に対する昭和二十八年十月二十三日附公文書においても、何等かの意思表示をすれば指示に従う必要のない趣旨を内蔵しているものであることに徴すれば、被告人として右の如き解釈に到達することはやむを得ないところで、かく解することに正当な事由があつたものといわなければならない。従つて又被告人がこの解釈に基き指示に従わなかつたことについても正当な事由があるものであつて、故意に従わなかつ

たものということができない」（大阪高判昭三一・一一・二八判時九九・二七）。

【173】「被告人は本件の麴を製造する以前その居村の役場及び税務署に到りその可否を聞合せたところ、役場に於ては許可を要せない旨の回答をなし、税務署に於ては開業届を提出せば製造可能なる旨の回答を与えた旨の記載がある。更に進んで被告人から三重県知事宛の開業届の写本によると被告人は本件麴の製造以前既に三重県知事に対し麴製造の開業届を提出したことが認められる。以之看之、被告人は本件麴の製造以前相当の注意を払つて調査した結果開業届を提出せば許可を要せずして製造可能なる旨を確信していたものと認められるが、原審は此点に就き尚詳細な事実審理を為すべきであつたに不拘、之を怠り、右の点に就ては何等の資料とはならない証拠によつて被告人の有罪を認定したのは、畢竟審理不尽に基く理由齟齬の違法ありといわなければならない。即ち本件は被告人の過失の有無に就き尚事実審理を遂げる必要ありと認められるから刑事訴訟法第三百九十七条、第四百条本文に則り、原判決を破棄し、之を原審に差戻す」（名古屋高判昭二五・一〇・二四特一三・一〇七）。

右の判例のうち、【173】は、積極的に故意の阻却をみとめたものではなく、具体的事案について過失の有無につき事実審理の必要をみとめたものである。

なお、次の判例は、具体的事案について窃盗の故意を欠くものとしたものであるが、その実質的理由は、行為の違法性についての錯誤につき相当の理由があるとみとめたところにあるといえよう。

【174】「甲は、元立木の購入、製材及び該木材の販売を業としていた者であつて、被告人の援助により営業上の危機を救われたこともあつたものであるが、昭和二十四年十一月下旬被告人の手を経て被告人の実父乙所有の立木を買入れ、これを伐採搬出したが、その代金の支払を行わず、被告人の督促に対し、一時延しにその履行を引き延ばしていたが、同年十二月下旬被告人に対し、「この代金は、年末までには必ず支払う、自分は、人夫賃でも支払えなかつた分は、材木をやつて解決して来たのであるから、若し約束どおり支払えないときは、どんなことをされてもよい」との趣旨を述べたので、被告人は、相手方が右代金の支払について、なおも猶予期間を怠つた場合は、該木材の処分を許容したものと解し、甲が翌年一月に至るも、依然その支払を怠り、誠意ある態度をも示さないところから遂に昭和二十五年一月中旬本件木材を丙に売却処分したものであることを認めることができる。従つて、被告人のかかる所為は、慎重を欠くうらみがないとは言えないのであるが、少くも、公

訴事実にあるような刑法上の窃盗罪を認定するには、その犯意を肯認し難いものと言わなければならない」（東京高判昭二六・一二・二五特二五・八二）。

ところで、いわゆる法律の錯誤につき相当の理由があるというばあいの「相当の理由」という概念の具体的内容は、この点に関する多くの判例の集積によつてはじめてあきらかになるものであつて、ごく少数の判例を検討しただけではその内容をあきらかにすることは不可能であるが、右に掲げた判例を考察し、どのようなばあいに故意の阻却が否定され、どのようなばあい故意の阻却がみとめられているかを見ることによつて、「相当の理由」といつた概念の具体的内容の一端を知ることができよう。

地方裁判所判例

区裁判所判例

最高裁判所判例

控訴院判例

高等裁判所判例

判例索引

大審院判例

著者紹介

福田　平（ふくだ たいら）　神戸大学教授

総合判例研究叢書　刑　法（16）

昭和 36 年 5 月 20 日　初版第 1 刷印刷
昭和 36 年 5 月 25 日　初版第 1 刷発行

著作者　福　田　　平
発行者　江　草　四　郎
印刷者　小　林　光　次

東京都千代田区神田神保町 2 ノ 17
発行所　株式会社　有　斐　閣
電話九段（331）0323・0344
振替口座東京 370 番

印刷・明石印刷株式会社　製本・稲村製本所

総合判例研究叢書 刑法(16)
(オンデマンド版)

2013年2月1日　発行

著　者　福田　平
発行者　江草　貞治
発行所　株式会社 有斐閣
〒101-0051　東京都千代田区神田神保町2-17
TEL　03(3264)1314(編集)　03(3265)6811(営業)
URL　http://www.yuhikaku.co.jp/

印刷・製本　株式会社 デジタルパブリッシングサービス
URL　http://www.d-pub.co.jp/

AG516

ISBN4-641-91042-1
Printed in Japan